JN133266

生き方、ちょっと変えてみよう

あなたはじつは仏の子

ひろさちや

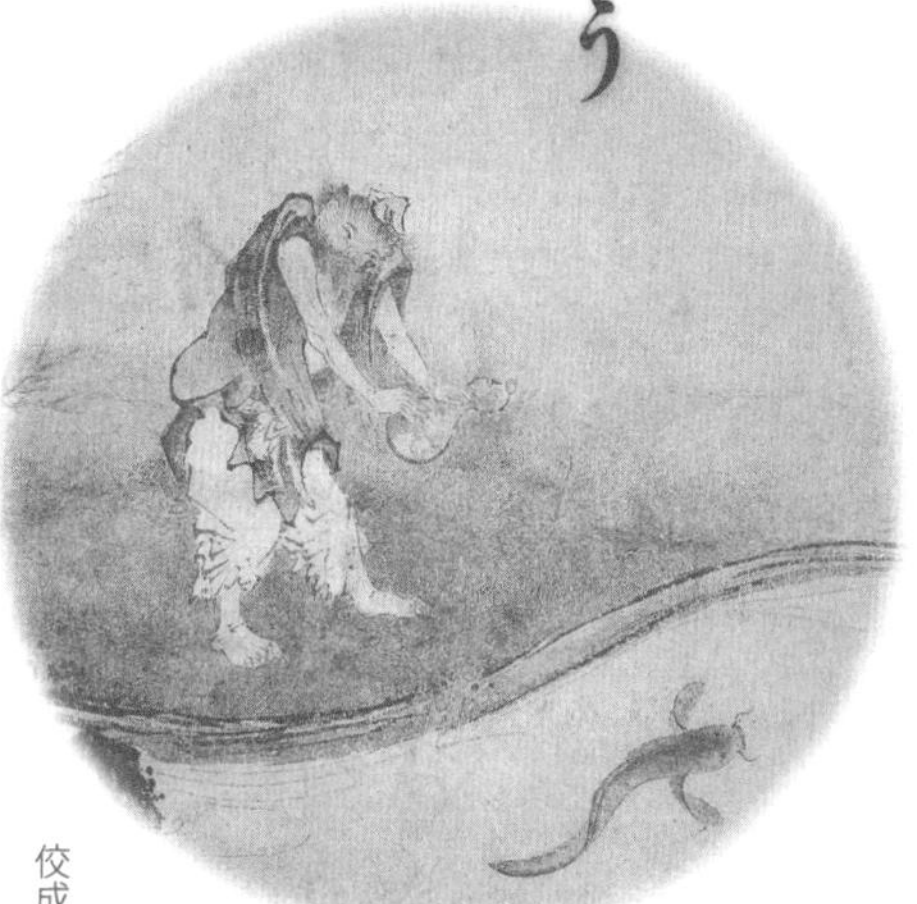

佼成出版社

まえがき

私事で恐縮ですが、ことし（二〇一九年）の二月に脳梗塞をやり、救急車で病院に運ばれ、そのまま二か月近く病院生活を余儀なくされました。現在も杖をついた状態でいます。

それはともかく、二か月もの病院生活のあいだ、わたしは多数の仏教書を読みまくりました。仏教書といっても、専門書・学術書ではありません。むずかしい本は、とても病院のベッドで読むことはできません。わたしは、自分は病人としてどのように考えればよいか、病人としてどのように生きればよいか、それを仏教に教わりたかったのです。そして、これは自慢話・我田引水になりますが、わたしは過去に自分の書いた多くの仏教書を読みました。自分が書いたものだから、肩を凝《こ》らさずに気軽に読めます。病院生活には最適の本でした。そして、わたしは仏教に人間としての生き方を学ぶことができました。

そして、いま、この本の校正をしていて、過去に自分が執筆したものから、仏教者としての生き方を学ぶことができました。人間には、幸福なときもあれば、不幸なときもあります。わたしたちは、不幸になれば、その状態から早く脱出したいと思いますが、そう簡単に状態を変えることはできません。しばらくのあいだ、あるいはひどいときは一生涯、病気になれば病人のまま、貧乏になれば貧乏なまま、生きていかねばならないのです。そして仏教は、そのときどきにわれわれはどう生きればよいかを教えてくれます。仏教によって病気が治ったり、貧乏人が金持ちになれるのではありません。いろんな状況に応じて、人間としてどのように生きればよいかを仏教は教えてくれるのです。そのことを入院中に学びました。

そうなんです。仏教はわたしたちに「生き方」を教えてくれています。口幅ったいことを申しあげましたが、読者もどうか本書から「人間らしい生き方」を学んでください。それが著者の願いです。

合掌

二〇一九年七月

ひろさちや

目次 contents

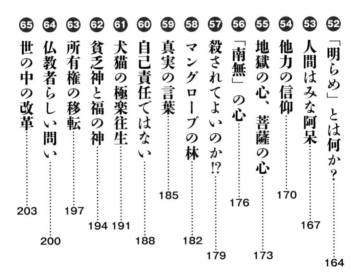

装丁・レイアウト▼巖谷純介
カバー画像▼国宝「瓢鮎図」如拙筆（退蔵院所蔵・提供）

生き方、ちょっと変えてみよう

——あなたはじつは仏の子——

1 仏国土における幸福

ほとけさまの国を〝仏国土〟といいます。それは清浄《しょうじょう》なる土地だから〝浄土〟とも呼ばれます。

大乗仏教にはさまざまなほとけさまがおられるので、浄土も数多くあります。なかでも阿弥陀仏の極楽浄土が有名ですが、薬師仏の浄瑠璃世界もあるし、大日如来の密《みっ》厳《ごん》浄土もあります。

そして、それらの仏国土に共通している特徴は、その世界では、

――すべての人が幸福になれる――

ということです。大勢おいでになるほとけさまは、あらゆる人が幸福になれるようにと願って、それぞれの仏国土を建設されたのです。

では、どうしたらすべての人が幸福になれるのでしょうか……？　ちょっと考えてみてください。

たとえば、すべての人を金持ちにすれば、すべての人が幸福になれますか。そうなれば、あんながいみんなが不満だらけになります。わたしたち凡夫は、他人よりも豊かになりたいという欲望（それが煩悩です）がありますから、他人が金持ちであることが自分を不幸にさせるのです。ですから、すべての人を金持ちにすることは、逆にすべての人を不幸にすることになるかもしれません。

また、病人をなくし、すべての人を健康にすればいいのでしょうか？　そんなことをすれば、医者や薬剤師が生活に困ります。お医者さん、薬屋さんが不幸になるから、すべての人が幸福になれません。

それなら、医師や薬剤師を転職させるといい、と言われるかもしれません。でも、そんなことをすれば、病院も製薬会社もなくなります。それに、自分の職業を無理矢理変えられて、他の職業に就かされて、その人は幸福ですか。だから病人をなくせばいいんだという発想そのものが、おかしいのです。

世の中には、頭のいい子もいれば、勉強が苦手な子もいます。学業成績が悪いのは気の毒だといって、みんな同じぐらいの能力にすれば、みんなが幸福になれますか。

美人と不美人の差のない、みんな同じ顔にすることが幸福ですか。男性と女性の差をなくし、みんなを中性にすれば、みんなが幸福になれますか。

それじゃあ、人間はみんな工場で造られた規格品のロボットになってしまいます。あなたの亭主と隣の亭主がまったく同じ形状で、性能も同じ。そんな亭主がほしいのですか。

すべての人を幸福にするにはどうすればよいか……なかなかむずかしいですね。ただ一つ言えることは、金持ちが金持ちのまま幸福に、貧乏人が貧乏なまま幸福になれるのが真の幸福です。健康な人は健康で幸福、病人は病人のままで幸福、それが本当の幸福なんです。それだけはまちがいないと思います。

2

大乗仏教の戒の精神

《禁煙なんて簡単だ。わたしはもう百回以上も禁煙している》

これはアメリカの小説家のマーク・トウェイン（一八三五―一九一〇）の名言です。たしかに、そういう意味では、すぐに禁煙ができますね。

昔、わたしの友人が、禁酒宣言をしました。ベニヤ板に「禁酒」と書いた札をつくり、それを自分の机の前の壁にぶら下げたのです。彼が禁酒の宣言をしたその日に、わたしは「飲みに行こうよ」と彼を誘いました。その日だけは断るだろうとこちらは思っていたのですが、彼は、

「ああ、いいよ。行こう」

と言います。そして、ベニヤ板の「禁酒」の札をくるりと裏返しました。すると、そこには、

――臨時休業――

と書かれていました。こういう禁酒であれば、簡単にできますよね。

ところで、仏教には「不飲酒戒《ふおんじゅかい》」はありますが、「不喫煙戒」はありません。これはなぜかといえば、お釈迦さまの時代にたばこがなかったからです。たばこがないのだから禁じようにも禁じられません。

そして、不喫煙戒がないから、たばこは吸ってもいいのだ――と主張する考え方は、小乗仏教の態度です。お釈迦さまがなぜ不飲酒戒を制定されたかといえば、他人に迷惑をかける行為はよくないと考えられたからです。だとすると、酒よりもたばこの方が他人に迷惑をかけます。歩行中の喫煙によって、小学生を失明させたケースもあります。子どもたちは、喫煙者の煙によって迷惑しているのです。にもかかわらず、戒律の条文に不喫煙戒がないからといって、喫煙が許されていると主張する人は、大乗仏教の考え方を忘れているといわねばなりません。

大乗仏教では、他人に迷惑をかけないようにしようということで、お釈迦さまは戒を制定された――と考えています。

けれども、ここで勘違いしないでください。わたしたちは戒を守れる、すなわち他人に迷惑をかけずにおれると、大乗仏教は考えているのではありません。わたしたちは、他人に迷惑をかけずに生きられない存在なんです。たとえば、わたしが大学に入学すれば、誰か一人はその大学に入れなかったのであり、わたしはその人に迷惑をかけています。道を歩けば、極端に言えば誰かの邪魔になっているのです。

だとすれば、大乗仏教における戒の精神は、たとえば酒を飲むときに、酔っぱらって他人に迷惑をかけることはできるだけなくそうと思うことです。同時に、たばこを服《の》むときに、わたしは他人に迷惑をかけています。赦《ゆる》してください……と服むのです。一本一本に謝罪せねばなりません。その気持ちがない人は、大乗仏教の精神がわかっていないと言うべきでしょう。

3

あるがままに生きなさい

「ぼくはストレスを受けやすい人間です。以前に、ストレスによって心の病気になったこともあります。最近、近所のマンションの建設の騒音によるストレスや、他人のことがひどく気になったりして、またストレスによる心の病気になるのではないかと、不安でいっぱいです。どうすればストレスを感じないですむ強い心が持てるのでしょうか？　その方法を教えてください」

そんな相談の手紙が来ました。相談者はお寺のお子さんです。だから、彼は、

「いま、ぼくは以前にもまして仏教が好きになり、いろいろと仏教を勉強しています」

と書いています。それで、自分の悩みを解決する方法を仏教に見つけようとしたいのだけれども、自分ではその答えが見つけられないので、わたしに教えてほしいと言ってきたわけです。

さあ、困りました。仏教はどうすれば心を強くすることができるか、そんな方法を教えてはくれません。仏教が教えてくれているのは、

――あるがままに生きなさい――

ということです。強い心をもった人は、強く生きればいい。

弱い心の人は弱いまま生きればいい。それが仏教の教えです。

江戸時代に、阿察《おさつ》という女性がいました。彼女は白隠禅師《はくいんぜんじ》（一六八五―一七六八）に師事して禅を学びました。

その彼女の孫娘が死んだとき、阿察婆《ばあ》さんは孫娘の棺桶《かんおけ》にしがみついて、大声をあげて泣いていました。それで周囲の人間が、阿察婆さんに忠告しました。

「せっかく禅を学んだのだから、心を強くして泣かないようにしなさい」

それに対して阿察婆さんはこう言いました。

「わたしは美しい真珠の涙を流しているのですよ。禅の教えは、悲しいときに涙をこらえて泣かないようにするのではありません。悲しいときには美しい真珠の涙を流すのが、禅の教えですよ」

そうなんです、悲しいときには泣けばいいのです。世間では、悲しいときにじっと涙をこらえている人を「立派な人」と呼びますが、それはまちがっています。悲しいときには、美しい真珠の涙を流し、うれしいときには心の底からにっこりと笑える人が、本当にすばらしい人なんです。仏教はそのように言っていると思います。

だから、ストレスに弱い人は、そのまま弱くていいのです。無理に強くなる必要はありません。心の病気になるときは、仕方がありません。病気は病気ですから、しっかりと病気の治療をすればいいのです。病気になったらどうしよう……と、あまりびくびくしないでください。そのびくびくがストレスなんですよ。

④ 自分勝手な信仰

岩手県遠野市に伝わる民話に、こんなのがあります。

大雨が降って、普段はおとなしい猿ケ石川《さるがいし》が増水し、徳弥《とくや》という男の家が流されそうになります。そこで徳弥は、川に向かって大声で、

「川の主、川の主、娘をおまえにやるから、俺の家を流さないでくれ！」

と叫びました。すると、その声が川の主に聞こえたらしく、川はたちまち減水しました。

だが、あとで徳弥は後悔します。十八歳の娘を人身御供《ひとみごくう》にするなんてできません。

それで、ちょうどそのとき村にやって来た乞食の母娘を言いくるめて、その娘を川の主にやることにしました。乞食の母親は、立派な着物をきて、大勢の村人に見送られて死ぬのは、乞食のままで死ぬよりましだと、親子が一緒に犠牲になってくれました。

それで徳弥はほっとしました。

でも、やはりそれは約束違反です。乞食の母娘が死んだ翌日、徳弥の娘がぽっくり死んでしまいました。

＊

ところで、『日本霊異記《にほんりょういき》』（巻中・第十二）には、こんな話があります。『日本霊異記』は、平安初期の仏教説話集です。

ある女が、大蛇が蛙を飲み込もうとしているのを見て、その蛙を助けてやってくれるように頼み、交換条件に、

「わたしがあなたの妻になります」

と申し出ました。蛇はそれを承知し、蛙を吐き出しました。

だが、女は蛇の妻になる気はありません。約束の日に蛇が迎えにやってくると、女はぴっしりと戸を閉めて、熱心に仏に祈りました。

すると、そこに八匹の大蟹がやってきて、そのはさみでもって大蛇をずたずたに切断してくれました。じつは、その八匹の蟹というのは、牛飼いの童《わらべ》たちが蟹を焼いて

食おうとしていたのを、女が自分の衣と交換して買い取り、逃がしてやったものです。だから、これは蟹の恩返しなんです。

＊

さて、読者はどう思われますか？　徳弥と女と、二人とも相手を騙《だま》したことに違いはありません。ところが、民話の方では騙した徳弥が悪者にされていますが、仏教説話だと騙された蛇が悪者にされています。

この仏教説話はおかしいと思います。平安時代の人々の仏教理解はこの程度だったのでしょうが、このような考え方は仏教の教理ではありません。できもしない約束をして、困れば仏に助けを求める。そして、相手が困ろうが、そんなことは自分の知ったことじゃないと思っている人が現代にもいます。そんな自分勝手なご利益信仰を仏教が説くのであれば、わたしは仏教者であることを恥ずかしく思います。

5

不可思議ということ

「ほとけさまは慈悲の存在です。ほとけさまは、わたしたち衆生――人間も動物も――が、みんな幸せになってほしいと願っておられます。先生は、先日、わたしが聴講した講演会でそのように話されました。でも、この世の中には悲惨な出来事がいっぱいあります。幸せになれずに、不幸に苦しんでいる人が数多くおられます。ほとけさまが慈悲の存在であれば、なぜこのような不幸な人を放置されるのですか？　なぜ、苦しむ人を救ってあげないのですか？　その理由を教えてください」

そういった主旨の手紙が来ました。よくある質問です。

そして、じつはその質問に対する答えは、まことに簡単です。それは、

「あなたは、そういう質問をしてはいけない」

というものです。いえ、別段、わたしはその質問から逃げているわけではありません。また、答えをはぐらかそうとしているのでもありません。まじめに答えているの

です。

これは仏教に関してだけではありません。キリスト教やユダヤ教、イスラム教においても、われわれ人間は、

――神の意志――

を尋ねてはいけないのです。

神はどういうわけで、この世の中の悪を許しておられるのか、悪を放置したままであられるのか、そのような質問をしてはいけないとされています。

なぜかといえば、仏や神の意志を問うことは、われわれ人間にそれが理解できると思っているからです。そう思っているのは、人間の傲慢さです。神や仏は絶対者であって、その考えはわれわれ人間にわかるはずがありません。そのことを、仏教の言葉では、

――不可思議・不思議――

といいます。思議（考えはかること）できないという意味です。わたしたち人間は、ほとけさまや神には何かお考えがあって、この世はこうなっているのだと信ずる

ほかありません。「これはおかしい、よくないことだ」と断定するのは、われわれ人間が神仏を裁いていることになります。

たしかに、この世の中には、どうしようもない悪人がいます。罪もない小さな子どもを殺す殺人犯もいます。そんな人間はいないほうがよい——と、わたしたちは思うのですが、そう思うのは人間の越権行為です。ほとけさまの慈悲は、そういう殺人犯人にも及んでいることを、わたしたちは忘れてはいけません。

また、〈なぜ、わたしがこのように苦しみ、不幸であるのか?!〉と、ほとけさまの慈悲がわからなくなることもあります。しかし、それは自分の立場から見ての話です。ほとけさまの立場から見ればどう見えるのか、わたしたちにはわかりません。わたしたちは、ただほとけさまの慈悲を信じることです。それが仏教者のあり方だと思います。

6

おまかせする

古代インドの婆羅門《ばらもん》教という宗教は多神教です。学者の研究によると、そこには三千三百三十九柱の神々がいるようです。

ところが、この多神教、ちょっと変わった多神教です。

というのは、普通の多神教は日本の神道のアマテラスオオミカミ（天照大神）やギリシャ神話のゼウスのように最高神がいて、他の神々はその配下になっています。しかし、婆羅門教には最高神がいません。いろんな神がその場、その場に応じて最高神の地位につくのです。そこである宗教学者は、この婆羅門教を多神教ではなく、

——交替《こうたい》神教——

と命名しました。最高神がその都度、交替するからです。

これは、このように考えるとわかると思います。

わたしたちはいろんな欲望を持っています。そして、その欲望をさまざまな神にぶ

つけます。たとえば、Aの神には、わたしを金持ちにしてくださいと頼みます。Bの神には、わが子を頭のよい子にしてほしいと願います。Cの神には、妻のがんを治してほしいと祈る。その他、いろいろありますが、三つぐらいにしておきます。

さて、Aの神はあなたに大金を与えてくれました。そのために、あなたは浮気をするはめになるかもしれません。そして家庭を滅茶滅茶にします。Bの神はあなたの息子を優等生にしてくれた。それはいいのですが、優秀な息子は海外に行き、日本に帰って来ない。あなたは淋しくなります。妻のがんをCの神が治してくれた。だが、そのとき使用された抗がん剤の副作用で、妻の頭髪がすべて抜け落ち、失望した妻は自殺するかもしれません。三柱の神がそれぞれあなたの願いをききいれてくれたのですが、その結果、あなたはかえって不幸になる可能性があります。

ちょっと考えるとわかることですが、メリット（利点）とデメリット（欠点）は一枚のコインの裏表のようなものです。夫婦があくせく働いて一戸建ての住宅を建てることができたとき、そのメリットの裏には、過労死があったり、鍵っ子にされた子どもが淋しさのあまり非行に走る可能性もあります。

では、どうすればいいのでしょうか？

多数の神にあれこれお願いすることをやめて、一つの神に、

――おまかせする――

といった態度のほうがいいかもしれません。そうすると、まかされた神が、「あまり大金を得ようとするな！　ほどほどにしておけ」と、あなたにアドヴァイス（忠告）してくださるかもしれないのです。それが婆羅門教の「交替神教」の考え方です。

ともかく、あなたは一つの神におまかせしたのだから、その神が与えてくださるもので満足すべきです。どんな結果になっても、文句は言わないこと。それがおまかせしたことなんですよ。

7

中道の精神

お釈迦さまは二十九歳のとき、釈迦国の太子の地位を捨てて出家されました。そして出家をした直後は、断食を中心とした激しい苦行を修されます。だが、苦行によっては真理に到達できないことを悟ったお釈迦さまは、そこで、

――中道――

を歩むことにされました。その結果、お釈迦さまは悟りを開いて仏になられたのです。

それゆえ、仏教の根本精神は中道だと思います。

それでは、中道とは何でしょうか……?

それは、お互いに矛盾対立する二つの極端から離れて、ゆったりとした道を歩むことです。苦行は一つの極端であれば、快楽に溺れることもう一つの極端です。そうした極端を離れて、ゆったりと道を歩むのが中道です。

そうですね、たとえば憎しみの炎を燃やすのは一つの極端です。けれども、だからといって憎んではならないと誡《いまし》めるのも、またもう一つの極端です。その二つの極端から離れることが中道です。

ある仏教学者が、隣家からの貰い火で、大事な蔵書や研究論文を全部失ってしまいました。それで彼は、隣家の主人を怨《うら》みます。なんとかして仕返しをしてやろうと、そればかりを考えていました。

だが、しばらくして彼は気がつきました。

〈自分は仏教を学んでいる人間ではないか。その自分が仕返しばかりを考えている。これじゃあ、何のために仏教を学んでいるのかわからぬではないか〉

そこで、彼は考え方を変えようとします。それまでは、隣の人に大事な蔵書を「焼かれてしまった」と考えていたのを、あれは自分で「焼いたのだ」と思うようにしようとしたのです。

「焼かれた」から「焼いた」への転換を図ったわけです。

でも、それは失敗に終わります。あたりまえです。自分が焼いたわけがないのに、それを自分で焼いたのだと思えるはずがありません。

ところが、そのうちに仏教学者は気がついたのです。あれは「焼かれた」のではない、「焼いた」のでもない、ただ「焼けた」とみるべきだということに。

そうすると、しばらくして彼は心の平安を得ることができたのです。

わたしはこれが中道だと思います。すなわち、「焼かれた」と見るのは一つの極端です。それは被害者意識であって、それだと憎しみが募《つの》ります。しかし、「焼いた」と見ることによって憎しみを捨てようとするのも、もう一つの極端です。そんな極端によっては、問題を解決することはできません。

「焼かれた」と「焼いた」の両極端を離れて、ただ「焼けた」と見るのが中道です。中道によってこそ、わたしたちは問題を解決することができるのです。

8

迎合するな！

「幇間《ほうかん》」は俗に太鼓持《たいこも》ちとも呼ばれます。辞書（『大辞林』）によると、

《宴席などで遊客の機嫌をとり、滑稽な動作・言葉によって座をにぎやかにすることを職業とする男》

だそうです。客の機嫌をとるには、おべっかを言えばよい、胡麻《ごま》を擂《す》ればいいのだから簡単なことだ、と思わないでください。なかなかどうして太鼓持ちはむずかしい職業のようで、よほど頭がよくないと優秀な太鼓持ちにはなれないそうです。そういうことを、東京の吉原で太鼓持ちをしていた人から聞いたことがあります。

いえ、太鼓持ちの話をしようとするのではありません。わたしは職業としての太鼓持ちを軽蔑してはいませんが、しかしどうかお坊さんは太鼓持ちにならないでくださいと言いたいのです。というのは、ときどきお坊さんから、

「仏教の教えはよくわかるのです。たとえば、死んだ子が生き返る道理がないのだか

ら、あなたは死んだ子をあきらめなさい、と説くべきだということはわかっています。けれども、殺人犯にわが子を殺された親に対して、〝あきらめなさい〟とはなかなか説けません。そういう場合、いったいどのような言葉をかけてあげればよいのでしょうか？」

といった質問を受けます。そんなときわたしは、

〈ああ、このひとは太鼓持ちになろうとしているのだなあ……〉

と思ってしまうのです。もちろん、面と向かってそんなことは言えませんが……。なぜなら、仏教者が説くべきことは、仏教の教え、釈迦の教えです。殺人犯にわが子を奪われた親の悲しみ、憤り、怨《うら》みには同情するべきものがあります。でも、それに迎合して、「あなたの気持ちはよくわかる。あなたが犯人を怨むのは当然だ」と言えば、そのときお坊さんは太鼓持ちになってしまいます。仏教者は迎合してはならないのです。

お釈迦さまは、次のように言っておられます。

《およそこの世において、怨みは怨みによって鎮まることはない。怨みを棄ててこそ

鎮まる。これが不変の真理である》(『ダンマパダ』五)

もちろん、われわれは凡夫です。だから被害者になれば、加害者を怨むのはあたりまえです。それゆえ「怨むな……」と教えることはできないでしょう。お釈迦さまの言葉は、泣いている人にとってあまりにも酷《むご》いものです。でも、だからといって、「あなたの気持ちはよくわかる」と言うのはおかしいのです。それを言うくらいであれば、黙っているべきです。

なぜなら、被害者は加害者を怨むことによっては、心の平安は得られません。怨み・憎しみの火をいつまでも燃やし続けていては、心の平安は得られないよ、とお釈迦さまは教えておられます。そのお釈迦さまの言葉が正しいのです。仏教者はそれを忘れてはなりません。

9

気兼ねをするな！

お寺の本堂で、ごろりと横になって昼寝をしている男がいました。暑い夏ですが、本堂はわりと涼しいのです。

そこに住職さんが来て、男を叱ります。

「そんな行儀の悪い恰好をしてはいかん。ほとけさまに尻を向けるなんて、罰《ばち》が当たるぞ」

男は和尚さんに向かって言います。

「ですが、和尚さん、『法華経』には、われわれはみんな仏子《ぶっし》だ、と書いてあるそうですね」

「ああ、それはその通りだよ」

「わたしたちはみんな仏子で、そしてお寺はほとけさまの家でしょう」

「そうだよ。で、何が言いたいんだね」

「じゃあ、お寺は親の家です。子どもが親の家に来て、なんで気兼ねをする必要があるんです……?! そう言う和尚さんは、きっと継子《ままこ》なんでしょう……」

みごとに和尚さんは、一本取られたわけですね。

＊

そうなんです。わたしたちはみんな仏子です。ほとけさまの子です。そして、この世界はすべてほとけさまの世界です。お寺だけではありません。日本という国が、いやこの地球全体が仏国土です。

《今、この三界《さんがい》は 皆、これ、わが有《う》なり。

その中の衆生は 悉《ことごと》くこれ吾《わ》が子なり》

『法華経』の「譬喩品《ひゆほん》」にはそう書かれています。この宇宙そのものがほとけさまの家、すなわち親の家なんです。それが『法華経』の教えです。

だとすればわたしたちは、この世界にあってなんの気兼ねもしないでいいのです。気兼ねをするなんて水臭いですよ。継子じゃないのだから、親の家にあって生きるのに、なんの気兼ねをする必要はありません。わたしはそれが『法華経』の教えだと思います。

あるとき、わたしは引きこもりになった青年から、「どうしたらよいか？」と相談を受けました。「引きこもりになったのであれば、もうしばらく引きこもりを続けなさいよ」というのが、わたしの返答です。

引きこもりは病気です。なにも好きで引きこもりになったのではありません。そして、「引きこもりをやめよ！」と言われて、すぐに、やめられるものでもないのです。ならば、しばらくは引きこもりを続けるよりほかない。そのことをわたしは言ったのです。

それと同時に、引きこもりになった人、病人だって仏子です。そしてこの世界はほとけさまの世界であり、仏子にとっては親の家なんです。親の家で生きていくのに、なにも世間の人に気兼ねする必要はないじゃありませんか。自分は引きこもりだから、世間の役に立っていないと思う必要はありません。そんな気兼ねはやめて、ほとけさまに甘えていればいい。それこそが『法華経』の教えだと思います。

⑩ 所有権は誰にあるのか？

ヘブライ語には〝所有する〟（英語だとhave）といった動詞がないそうです。なぜかといえば、この世界に存在するすべての物の所有者は神であって、人間には所有権がないのです。そうすると、たとえば日本語で〝わたしは、時計を持っています〟といった文章はヘブライ語だと、

〝この時計はわたし〈の使用〉に向けられている〟

となります。そういうことを前島誠氏が書いておられました（『春秋』二〇〇二年十二月号）。

おもしろいですね。この世に存在するすべての物は神のものであり、人間には所有権がなく使用権しかありません。あるいは人間は神のものを一時的に預かっているのです。そのように説明してもいいでしょう。

じつはこの考え方は、わたしは仏教にも通じるものだと思います。というのは、前

節でも引用しましたが、『法華経』の「譬喩品《ひゆほん》」において、釈迦仏が、

《今、この三界《さんがい》は　皆、これ、わが有《う》なり。

その中の衆生は　悉《ことごと》くこれ吾《わ》が子なり》

と言っておられるからです。この宇宙（三界）は釈迦仏の所有に属します。そして、われわれはみんな釈迦仏の子なんです。それが仏教の見方なんです。

わたしは、いつか講演会で、

「昔の人は、子どもはほとけさまから授かるものだと考えていました。この子は観音《かんのん》さまから授かった子だ、とそんなふうに言っていたのです」

と話しました。すると、ある女性が、

「先生、子どもはほとけさまから授かるものだということはよくわかりました。しかし、授かった以上は、子どもは親のものなんでしょう……？」

と質問されました。つまり、子どもの所有権を主張されたのです。あれにはびっくりしましたね。

親に子どもの所有権を認めると、親は子どもを自分の好きなように育てようとしま

す。そうすると子どもは不幸になります。

子どもはみんなほとけさまの子です。『法華経』はそう説いています。だから親は、子どもをほとけさまから預かっているのです。所有権は仏にあってわたしたちには所有権がないことをしっかりと銘記する必要があります。

子どものうちには、勉強の好きな子もいれば、嫌いな子もいます。あるいはハンディキャップのある子もいます。勉強の好きな子は、勉強が好きなままその子を幸せにしてあげる。それがほとけさまから依託されたことでしょう。反対に勉強の嫌いな子は、勉強が嫌いなまま幸せにしてあげるのです。無理に勉強が好きな子にさせる必要はありません。

目が見えない子は目が見えないまま、自閉症の子は自閉症のままで幸せにしてあげる、それがほとけさまの望んでおられることではないでしょうか。わたしはそう思うのです。

11

苦海に生きる力

中国、唐代の禅僧に、趙州従諗《じょうしゅうじゅうしん》（七七八—八九七）がいます。百二十歳まで生きた人です。そして、中国の禅僧の中で最高峰に位置する人物とされています。

あるとき、一人の老婆がやって来て、趙州に質問しました。

「仏教では、女性は障《さわり》が重いとされています。だとすれば、女性であるわたしが救われるには、どうすればいいのですか……」

ここには女性差別の発想がありますが、昔の話だからしばらく目を瞑《つぶ》っておきましょう。趙州は老婆にこう答えました。

「願わくば、いっさいの人が天界に生まれるように、願わくば、婆々《ばば》の永《とこしえ》に苦海に沈まんことを（願一切人生天、願婆婆永沈苦海）」

これはちょっと酷《ひど》い言葉ですね。禅僧ともあろう人が、こんな言葉を言ってよいのでしょうか。そう思いたくなりますよね。

だが、じつはこれが慈悲の言葉なんです。

考えてみてください。趙州はほかにどんな言葉を言うことができたでしょうか。老婆自身が、自分の救いのないことを自覚しています。昔の人々は、女性が成仏できないことを知っていたのです（もっとも、男性だって、まず成仏は不可能です）。だから、老婆は自分が地獄に落ちることを知っている。その老婆に、「いや、あんた、努力をすれば救われるよ」と説けば、それは気休めの言葉でしかありません。気休めというより、もっと性《たち》の悪い言葉です。それはインチキ宗教が説く言葉でしかないのです。そんな言葉で、老婆は救われるでしょうか。救われませんよね。救われないどころか、そんな言葉を聞けば、きっと老婆は怒りだすでしょう。

だから趙州は、老婆に、

――あきらめよ！――

と教えたのです。救いをあきらめて、地獄に落ちて（苦海に沈んで）、そこでしっかりと生きればよい。苦しみながら生きるのです。そういう生き方もすばらしい。気楽に酔生夢死《すいせいむし》の生き方、極楽蜻蛉《ごくらくとんぼ》の生き方をするばかりが人生ではないのです。苦しみに呻きつつ生きる生き方も、あんがいおもしろいかもしれません。要は覚悟の問題です。趙州は老婆に、その覚悟を持て、と教えたのです。わたしはそう思います。

世の中には、仏教を学べば幸せになると思っている人がいます。わたしに言わせれば、それは大まちがいです。

この世の中、それほど公平・平等ではありません。いくら努力しても、梲《うだつ》が上がらない人は大勢います。ある教団に入信すれば、たちまち幸せになれる——そんな簡単なものではありません。

そうではなくて、仏教を学べば、苦しみを苦しみとしてしっかり耐えられる力が得られるのです。悲しみを悲しみとして受け容れる力が得られる。仏教はその力を教えてくれているのです。

⑫

ないものねだり

仏教の講演会に講師として招かれて行くのですが、主催者は聴衆がどれくらい集まるかを心配されます。あまりにも聴衆が少なかった場合、

「わたしどもの努力が足りなかったのです。申し訳ありません」

と、謝られるわけです。そのとき、わたしはこんな話をします。

大学生のとき、教室で先生が、

「最近は欠席する学生が多い。よろしくない」

と説教されました。それを聞いてわたしは、

〈なぜ出席しているわれわれが叱られねばならないのか?! 叱るのであれば、欠席している（ここにいない）学生を叱るべきなのに……〉

と思ったものです。それと同様に、講演会に来なかった人を問題にするのはおかしいのです。会場に来てくださった聴衆を——たとえそれが少数であっても——大事に

すべきです。その意味では、聴衆が多いか少ないかは、講演者は考えないほうがよい。わたしはそのように思っています。

それから、こんな話もあります。

京都でタクシーに乗ったとき、運転手さんに尋ねました。駅前で長時間、客待ちしたあと、運悪く、近距離の乗客になったとき、がっかりしませんか、と。

「いいえ、近距離の客が運が悪いというのは違います。近距離の客を運んだあと、次々と客に恵まれることが多いのです。近距離の客は、乗客の多い場所に連れて行ってくれるわけですね。遠距離の客はどちらかといえば、辺鄙《へんぴ》な場所に連れて行かれることになり、帰りはずっと空車ということが多いですね。だからわたしは、ワン・メーターのお客さんを大事にします」

運転手はそう答えました。ものは考えようですね。

ところで、仏教の教えは、

――いま・ここ――

を大事にしろ、というものです。わたしたちは、いまある現在、いまいる場所で生きているのですが、その「いま・ここ」を忘れて、別の場所、別の時間ばかりを考えてしまいます。それは愚かなことなんですが、しかもわれわれはそれに気づかないのです。

講演会においても、いくら、

〈もっと聴衆が多ければよいのに……〉

と思っても、いま、その場所にはその聴衆しかいないのだから、その聴衆を大事にすべきです。タクシーの運転手が、

〈もっと、ロングのお客が乗ればいいのに……〉

と思っても、いまの乗客は近距離のその客なんです。だから、その乗客を大事にすべきです。

要するに、「ないものねだり」をするな！　ということなんです。わたしたちは、「いま・ここ」をしっかりと生きましょうよ。

⑬

共命鳥の失敗

極楽世界に共命鳥《ぐみょうちょう》という鳥がいます。もちろん、空想の動物です。

この鳥はちょっと変わっていて、身体は一つでありながら、頭が二つあるのです。そしていい声で鳴きます。

ところが、あまりにもいい声だもので、二つの頭がそれぞれに、

――競争意識――

を持ったのです。不思議なもので、美声の持ち主のほうが競争意識を抱きます。わたしのような音痴だと、カラオケで美声を発揮しようもありませんから、競争意識はありません。うまい人のほうが、自意識過剰になりますね。

それで競争意識を持った結果、二つの頭がそれぞれ相手を憎むようになり、

〈こいつさえいなければ……〉

と思うようになりました。そして、なかには、相手の食べる餌に毒を入れる者まで

出てきたのです。

おわかりになりますね、体は一つですから、相手を毒殺すれば、自分も死んでしまいます。でも、競争意識のなせるわざで、そんなこともわからず多くの共命鳥が死んでしまったのです。

生き残った共命鳥は反省しました。そうして、

――絶対に競争をしてはいけない。自分が生きるためには、相手も生きられるようにしないといけない――

といった取り決めをしたそうです。これは、いわゆる、

――共生原理――

ですね。「競争原理」を廃し、「共生原理」を採用することにしたわけです。

その結果、共命鳥は極楽世界の鳥になったのです。

＊

現代の日本社会は、激烈なる競争社会になっています。また、一部の政治家は、人々の競争意識を煽《あお》り、日本を格差のある社会にしようとしています。

けれども、人間が競争意識を持つと、その社会は地獄になります。世の中は、誰かが得をすれば誰かが損をするのです。ところが、他人が損しても構わない、自分が利益を得ればそれでいいのだ、といった競争原理に立脚すれば、受験地獄だとか通勤地獄だとか、社会は地獄の様相を呈し、人間はゆったりと生きることができません。それが証拠に、競争意識を煽った政治家が出現したとたんに、日本では兇悪《きょうあく》犯罪が増えています。平気で他人を殺す。他人ばかりか親が子を殺し、子が親を殺す、仲間で殺し合いをするといった、共命鳥がやった失敗を、多くの日本人がするようになりました。

わたしたち仏教者は、政治家に向かってきっぱりと言わねばなりません。

「競争原理は地獄の原理だ！　共生原理こそ極楽の原理なんだ」と。

⑭

座らないでいる布施

息子が大学生のときでした。だから、もう三十年以上も昔の話です。たまたま一緒に電車に乗りましたが、息子はわたしの前に立っています。始発駅からの乗車で空席がいっぱいあるのに座らないのです。

「お父さん、この電車はね、途中駅から満員になるんだよ。だから、ぼくは座らないでいるんだ」

と息子はその理由を説明しました。それを聞いて、わたしは、

「じゃあ、満員になった時点で立てばいいじゃないか……」

と言ったのですが、息子は、

「それは面倒だから、はじめから立っているんだ」と言います。

そのときは、どうも釈然としませんでした。だが、のちに道元禅師（一二〇〇―一二五三）の『正法眼蔵《しょうぼうげんぞう》』を読んでいて、

《布施といふは、不貪《ふとん》なり。不貪といふは、むさぼらざるなり》（「菩提薩埵四摂法《ぼだいさったししょうぼう》」の巻）

という言葉に出会ったとき、〈ああ、息子のほうが正しかったんだな〉と思いました。

普通は、布施というのは施すことだと説明されます。電車の中で座席を老人やハンディキャッパーに施すのも、立派な布施です。ところが道元禅師は、貪《むさぼ》らない、欲張らないことが布施だと説明されています。電車の中ではわたしたちは、できれば座りたいと思います。そのような欲望があります。しかし、それを我慢して、座らずに立っているのが、道元禅師によるとすばらしい布施だとなります。

考えてみれば、満員になってから席を譲るつもりでいても、目の前にたっている人が自分よりも若い人間であれば、席を譲るのがおかしくなります。譲られたほうも、すんなりと座れませんね。そうすると、場合によっては布施ができなくなります。

それに、この人には譲りたい、しかしこの人には譲りたくないといった気持ちがあるようでは、その布施は不純になります。こだわりなく施すことができてこそ、真の布施なのです。だとすると、わたしの息子のように、はじめから座らずに立っているのがすばらしい布施なのです。道元禅師が言うのも、そのことでしょう。

そうすると、こんなふうにも考えることができます。たとえば、七人が座れるシートに六人が座っていることがあります。その場合、その六人が少しずつ詰めることによって、あと一人が座れるわけです。それはその通りですが、やはり七人が座ると窮屈です。七人が七人とも窮屈を感じています。

では、そのまま六人を座らせてあげて、あなたは立っている。そうすると、あなたは六人に布施をしたことになりませんか。あなたは座りたいのを我慢して立っているのです。そういう布施もあります。そう考えると、おもしろい布施ができそうです。

15

世間を馬鹿にする

仏教は基本的に「出世間《しゅっせけん》」の教えです。

と言えば、世をはかなんで隠遁することだと早合点されそうですが、そうではありません。「出世間」というのは、

――世間の物差しを捨てること――

だと思ってください。あるいは、ちょっと挑発的な表現になりますが、

――世間を馬鹿にすること――

です。わたしたちは世の中の価値観に縛られて生きています。それでさまざまな悩みを抱えています。いちど世間の価値観を離れて自由になってごらんなさい。そうすると、ほとんどの悩みが吹っ飛んじゃいますよ。仏教はそのように教えています。

たとえば、わたしたちは、おいしい物を食べたいといった欲望を持ちます。欲望を持つこと、そのことが悪いのではありません。問題は、おいしい物を食べたいと思う

ところにあります。

というのは、おいしい物というのは世間の物差しが使われています。

わたしたちは、高級料亭で食べる料理がおいしいと思っています。高い金を払わないとおいしい物が食べられないと思っています。でも、高級料亭に行って高い金を払ってもおいしい物が食べられるとはかぎりません。誰だって好き嫌いがあるのですから、嫌いな物が出てきたらおいしいとは思えません。それに同席の人がよくないと、料理はちっともうまくありません。

では、どうすればよいのでしょうか……？

世間を馬鹿にすればいいのです。世間がおいしい物だという、そういう物差しを捨ててしまって、おいしい物を食べたいと思わなければいいのです。

そのかわりに、

――おいしく物を食べよう――

と考えます。これであれば、わりと簡単にできそうです。

たぶんテレビで紹介されたのでしょう。ラーメン屋の前に行列ができています。わ

たしはあれを見て、

〈馬鹿だなあ……〉

と思います。行列に並ぶ人たちは、世間の物差しに踊らされているのです。他人が食べておいしいと思った物が、自分にとっておいしいかどうかわかりませんよ。わたしにとっては待たされることがいちばん不快です。待たされるだけで料理がまずくなります。

それよりはすいている店に入って、おいしく食べることを考えます。すいている店でゆったりと食べた方が、料理はおいしくいただけます。

それが、つまりは「出世間」ということだと思います。世間の価値判断を無条件に信用せず、主体性をもって生きる生き方をする。それが「自由」ではないでしょうか。この場合の「自由」は「自分に由《よ》る」という意味です。その反対が「世間由」です。わたしはそのように考えています。

16 反省するな！

普通、世間の常識だと、失敗したり過ちを犯したときには、「しっかりと反省しなさい」となるでしょう。だが、仏教の教えだと、反対に「反省をするな！」になります。わたしはそう思います。

なぜなら「反省」というものは、たいていが自己弁護になってしまうからです。

そうですよね、わたしたちは、

〈そりゃあ、わたしが悪かった〉

と反省を始めるのですが、そのあとに、

〈でもね、あのときは、ああするよりほかになかったんだ。やむを得なかったんだ〉

と続けます。そして、挙げ句は、

〈あいつが悪いんだ。あいつがあんなことをしなければ、こういう結果にならなかったんだ。俺はちっとも悪くない〉

となるのです。そういう「反省」であれば（「反省」は所詮そういうものですから）、する必要はありません。いや、むしろしてはいけないのです。

では、何をするべきでしょうか……？

そこで、仏教が教えているのは、

——懺悔——

です。〝懺悔〟は一般には、〝ざんげ〟と発音されますが、仏教語では〝さんげ〟になります。

懺悔の場合、まず重要なことは、わたしたちは仏に向かって懺悔をするのです。直接、迷惑をかけた相手に懺悔すれば、それは謝罪やお詫びになり、真の懺悔になりません。なぜなら、かりに相手が「許さない」と言えば、「でも、おまえにだって越度《おちど》があるじゃないか?!」と、開き直って相手の攻撃を始めかねません。謝罪というものは、だいたいがそうなんです。

だから、懺悔は、われわれが仏に向かってするものです。それがいちばん重要なことです。

そうすると、わたしたちは自分が犯した罪過《ざいか》をしっかりと自覚する必要がありま す。〈これぐらいのことは許されるだろう……〉と、自分勝手に判断してはいけませ ん。仏に向かってする懺悔ですから、仏の目でもって見る必要があります。どんな 些細《ささい》な罪過でも、仏の目でもって見て、それを自分の罪過と自覚するのです。

いいですか、懺悔というのは自分が犯した罪過を自覚し、仏に赦《ゆる》しを乞うことであ って、他人の罪過を糾弾《きゅうだん》することではありません。他人は無関係です。と言うより、 そこに他人の行為が関与するようであれば、真の懺悔にはなりません。〈仏さま、そ りゃあわたしも悪かったのですが、あの人だってよくないのです〉といった気持ちが まじっているとそれは懺悔ではないのです。でも、わたしたちは、ついつい他人を引 き合いに出しますね。

懺悔というものは、徹頭徹尾《てっとうてつび》、自分の弱さを仏に赦してもらう行為です。そのこと を忘れないでください。

17

仏教は道徳ではない

仏教は道徳ではありません。にもかかわらず日本のお坊さんの多くが（全部ではありません）、「履物をちゃんとそろえなさい」「遅刻をしてはいけません」「親孝行をしなさい」といったふうに、道徳ばかりを語られます。あれはいかがなものかと思います。

そもそも道徳というものは、強者の都合のいいようにつくられています。したがって、弱者にとっては道徳はいやなもの、好ましくないものです。

たとえば遅刻です。社長と社員が待ち合わせをして、社員が遅刻したとします。彼はこっぴどく叱られるでしょう。場合によっては首になるかもしれません。

だが、社長が遅れたときは、

「待たせたね」

と言うだけです。社員に謝罪なんてしません。それどころか、心の中で、

〈俺は忙しい人間なんだ。今日も大事な商談があって遅刻したんだ。俺が遅刻せずにここにこられるということは、会社が潰れることなんだ。だから、俺の遅刻を社員は感謝すべきだ〉

と思っているかもしれません。まさか、そこまで……とは思いませんが、そういう可能性もあります。

学校に遅刻すると、児童や生徒はこっぴどく叱られます。でも、叱る先生は一度も遅刻しなかったのでしょうか。先生が遅刻すれば大目に見てもらえる。道徳というものは強者に都合よく出来ています。いや、道徳は、強者が弱者を支配し束縛するための武器、と言ってもいいくらいです。

しかし、宗教は弱者のためのものです。弱者の味方をしない宗教は、つまりは強者に荷担して弱いものいじめをする宗教は、わたしはインチキ宗教だと思います。

いえ、本当を言えば『法華経』の「譬喩品《ひゆほん》」にあるように、

《今、この三界《さんがい》は　皆、これ、わが有《う》なり。

その中の衆生は　悉《ことごと》くこれ吾《わ》が子なり》

であって、この世界は仏の世界であり、われわれ衆生はみんな仏の子なんです。だから、強者も弱者もみんな仏子《ぶつし》であって、仏は弱者だけの味方ではありません。でも、強者のほうは別段仏が味方をしないでも、ちゃんとやっていけます。しかし、弱者は、仏が味方をしてくださらないと、強い者にいじめられてしまいます。だから、仏は弱い者に味方をされるのです。ちょうど病気の子を、親が気遣うのと同じです。

ここのところが大事です。強者と弱者があれば――どんな世の中にも強者と弱者がありますー―仏はいつでも弱者の味方です。それが宗教というものの本質です。

だから、宗教は道徳ではありません。お坊さんはあまり道徳的なことをいわないでください。道徳的な発言ばかりしていると、仏教が死んでしまいます。わたしはそのように考えています。

18

不殺生戒の意味

仏教には「不殺生戒《ふせっしょうかい》」があります。

これは、あらゆる殺生をやめるようにと教えたものです。人間はもちろん、犬猫、蝶《ちょう》やトンボ、さらには蠅《はえ》や蚊《か》やゴキブリまでも殺してはならないのです。

でも、そんなこと、不可能ですよね。わたしたちは牛肉や豚肉、魚を食べます。食べる以上は殺しているのです。いや、わたしは殺していない。肉屋さんで、すでに殺された肉を買って来ただけだ。そう言う人がおいでになれば、それは暴力団の親分の言い種《ぐさ》です。俺が殺したんじゃない。子分がやったことだ。そう言っているのと同じです。

あなたが魚を食べるということは、その魚はあなたのために殺されたのであり、あなたが殺したことになるのです。

したがって、わたしたちは、不殺生戒を完全に守ることはできません。

では、何のために不殺生戒があるのでしょうか……?

ところで、われわれがこのような議論を始めると、必ず次のように言う人が出てきます。

「だって、人間は、牛や豚、魚、鳥などを食べないと生きていけないのだから、食べたっていいではないか。生きるために必要な殺生なら、許されるべきだ」

じつは、そういった開き直りにも似た言い分を封じるために、不殺生があるのです。こうした発言は、

――必要性――

の上に胡坐《あぐら》をかいたものです。必要な殺生であれば許される。そういう考え方をしているのです。

それがいちばん危険です。そして、仏教の精神に反します。

でも、日常生活においては、わたしたちは安易に必要性を理由にします。社会の秩序を守る必要があるから、死刑もやむを得ない。国を防衛する必要があるから、戦争をしてもよい。アメリカはそういう理屈でイラクを攻撃し、イラクの民衆を殺しま

す。日本の与党政府もアメリカにおべっかを使うために、アメリカの戦争を支持します。日本の与党政府も人殺しを後押ししているのです。

あるいは自分の身を守るための殺人は正当防衛ということで正当化されます。「必要性」でもって判断するのがいちばんいけないのです。

仏教の不殺生戒は、その様な必要性で判断してはいけない、ということを教えたものです。

でも、わたしたちは生きるために魚や牛、豚を食べねばなりません。不殺生戒は守れません。それなのに、なぜ不殺生戒があるのでしょうか?

それは、懺悔《さんげ》のためです。

わたしたちがやむを得ず戒を破って殺生をしてしまった。そういう弱い人間であることを自覚して、ほとけさまにお詫びするのです。そのための戒だと、わたしは考えています。

19

「こだわるな！」

和尚さんが縁側で足の爪を切ろうとしていました。

そこに檀家の年寄りがやって来ます。

その年寄りが和尚さんに言いました。

「和尚さん、きょうは仏滅ですぞ。仏滅の日に爪を切ってはいけないと、昔から言われているじゃありませんか。やめたほうがいいですよ」

「ああそうかい。わしゃ、とんと忘れてしまっていた。それじゃあ、やめるよ」

和尚はあっさりとやめました。

それから小一時間ばかり、和尚と檀家の老人は談笑していました。そして、老人は帰ります。

すると和尚は、すぐにまた縁側に行って爪切りを始めました。

びっくりしたのは小僧さんです。

「あれ……?! 和尚さん、きょうは爪切りをやってはいけない日ではないのですか……?」

「なあに、もう仏滅は帰ったから、いいんだよ」

和尚さんはにこにこ笑いながら爪を切っていました。

雲門文偃《うんもんぶんえん》（八六四—九四九）という中国、唐の時代の禅僧は、

《日日是好日《にちにちこれこうじつ》》

と言っています。一年三百六十五日、どの日もどの日もすばらしい日なのです。それなのにわたしたちは、その三百六十五日を、きょうは大安、きょうは仏滅、友引だなどと差別しています。雲門禅師は、そんなふうに差別することをやめて、毎日毎日を好日にせよと教えているのです。したがってこれは、日々が好日であるといっているのではなく、日々を好日にせよというのです。

ということは、仏滅に爪を切ってはいけないとか、友引にお葬式をやってはいけないとか、こだわる必要はありません。そんなのは、迷信です。なにも迷信にこだわる必要はありません。仏教は、

――こだわるな――

と教えています。変なこだわりを持つと、わたしたちの生き方が窮屈になります。けれども、われわれは「こだわるな！」と教わると、その「こだわるな！」にこだわってしまいます。その結果、誰かが「仏滅に爪を切ってはいけない」と言えば「そんな迷信にこだわるのはよくない」と反論し、喧嘩になりかねません。喧嘩にならないまでも、感情的なしこりが残ります。

それは、つまりは「こだわるな！」にこだわっているのです。「こだわるな！」ということは「こだわるな！」にもこだわってはいけないのです。

それには、あの和尚さんのやり方がよさそうです。仏滅さん（迷信かつぎの老人）がいるあいだは爪切りをやめて、仏滅さんが帰ってから爪切りをすればいいのです。

それが、おとなのやり方ですね。

20 驚きました……

ある老僧が語られました。仏教の思想、とくに『法華経』の教えについて、わたしと対談していたときです。

わたしは、『法華経』の教えというものは、

——すべての人が仏子《ぶつし》である——

というもので、だからわたしたちは自分が仏子であるという自覚を持つべきである、と語りました。その点については老師も同意されました。

ついでわたしは、一例を挙げたのです。幼稚園の運動会のかけっこで、いちばん後ろを走っていた子が転んでしまった。すると先頭を走っていた子が引き返して来て、転んだ子に、

「大丈夫？　痛くない？」

と声をかけました。それでかけっこは滅茶滅茶になってしまったのですが、わたし

は、転んだ子をいたわってあげた子が本当のほとけさまの心を持った子だと思います。その子どもこそ仏子の自覚を持っていた。すばらしい子どもなんだ。わたしはそのような発言をしました。

するとと老僧は、「そういう考え方はよくない」と言われた。びっくりしましたね。なぜかといえば、転んだ子は自分の力で起き上がるべきであって、甘やかしてはいけないというのです。

「現代日本の社会は、そんなふうに子どもを甘やかしているから、ひ弱な子どもになるのです。どんなに苦しくても、がんばらないといけない。すぐに子どもを甘やかすような、いまの教育は間違っている」

そんなふうに血相を変えてまくしたてられました。挙げ句の果ては、ご自分の軍隊経験を語られた。自分は軍隊でさんざんに殴られたけれども、ちっとも殴った人を怨《うら》んでいない。そういう殴られた体験がいまの自分をつくってくれたのだと、むしろ殴った人に感謝している——と、そこまで言われたのです。

驚きました。びっくりしましたね。

いえ、ご自分がどのような思想・信条を持たれてもいいのです。いかなる政治的信念を持たれてもよい。軍国主義者であってもかまいません。けれども、自分の思想・信条・信念を、それが仏教の教えであると言い包《くる》めることだけはやめてほしい。わたしはそう思います。

仏教の思想を語るときには、それを自分の主義主張・信念によって歪《ゆが》めてはなりません。仏教の思想は、仏教の思想として語るべきです。たとえ、転んだ子に同情するのはよくないと考えたとしても（わたしはそうは思いませんが）、転んだ子に「大丈夫？　痛くない？」と声をかけてあげる子どもの仏心（ほとけさまの心）を否定するのはおかしいのです。そのやさしさこそが仏の心であり、そういう子が仏子なのです。

どうも日本の僧侶のうちには、仏教の思想ではなしにご自分の信念を語られる人が多いですね。困ったことだ、とわたしは思います。

21

蝿叩きと蝿取紙

司馬遼太郎（一九二三―一九九六）によると、昔の播州《ばんしゅう》（兵庫県南西部）の門徒（浄土真宗の信者）は、

「蝿叩《はえたた》きはいけないが、蝿取紙《はえとりがみ》ならいい」

と言っていたそうです（『司馬遼太郎対話選集8 宗教と日本人』文春文庫）。余分な殺生を嫌う、その気持ちはわかりますが、蝿叩きにしても蝿取紙にしても、蝿を殺すためのものです。それなら同じことだと思うのですが、蝿叩きはこちらから積極的に殺生をするけれども、蝿取紙は蝿のほうからやって来るから殺生ではない、と言った理屈のようです。

それを読んだとき、わたしは笑っちゃいました。

〈屁《へ》理屈だよ、それは〉

と思ったのです。読者はどう思われますか……？

だが、あるとき、わたしは、これはすごい「仏教思想」だということに気づきました。

というのは、以前、幼稚園の先生から、蜘蛛《くも》の巣に引っかかった蝶《ちょう》を逃がしてやって、

「そんなことをしたら蜘蛛がかわいそうだよ」

と園児から抗議を受けた、という話を聞きました。その先生は蝶がかわいそうだから逃がしてやったのですが、蝶を助けると蜘蛛が困ります。せっかくの餌を奪われたからです。しかし、蜘蛛のためを思えば、今度は蝶が食べられてしまうのです。

この問題を仏教的に考えると、どうなりますか？　わたしはそんな質問を受けました。

むずかしい問題です。そう簡単に答えは出ません。

でも、いちおうのわたしの考え方を言うなら、わたしは、

――布施――

の思想でもって答えたいのです。というのは、肉食動物は生きるために殺生せざる

を得ません。草食動物は他の動物を殺さずにいられますが、しかし植物にだって生命はあるのです。広い意味では他の生命を奪っていることになります。

ところが、これを「殺生」と捉えるなら、この問題の解決は不可能になりますが、これを「布施」と考えるとどうなりますか？

つまり、蝶が蜘蛛に自分のいのちを布施してあげている。

「わたしはこの世界で楽しく生きました。そろそろわたしの寿命も尽きるころです。どうか蜘蛛さん、わたしを食べてください」と、いのちの布施と捉えることも可能です。仏教的にはそう捉えたほうがよいと思います。

そうするとわたしたちは、蜘蛛の巣に引っかかった蝶を、じっと拝んであげるとよいのです。そして、蠅取紙にかかった蠅を、「あなたは、自分のいのちを布施してくださったのですね。ありがとう」と拝む。それが仏教者のとるべき態度だと思います。蠅叩きを持って蠅を追いかけ回して殺す。そうした行為よりも、蠅に手を合わせて拝む態度のほうが、わたしは仏教者にふさわしいと思います。

㉒

不完全な人間

宗教とは何か？　いつもそのことを考えています。

世界にはいろいろな宗教があります。そのさまざまな宗教に共通する特色は何でしょうか？

その宗教の共通点をうまく捉えることができれば、宗教の定義ができるわけです。だが、多くの宗教学者が宗教の定義を試みていますが、みんなが納得する定義はできていません。それゆえ、現在のところ、宗教学者の数だけの定義があると言われています。

ところで、わたしは最近、ふとこんなふうに考えました。世界にはさまざまな宗教がありますが、そのうちのほとんどの宗教が教えているのは、

――人間というものは、弱くて、愚かで、不完全な存在である――

ということではないでしょうか。つまり、人間は絶対的な存在ではないのです。

「絶対」といえるのは仏や神だけです。

だが、ご存じのように現代日本人は総じて「無宗教」です。ほとんどの人が、「わたしは宗教を信じていません」と発言します。ということは、裏を返せば、人間が弱くて、無力で、愚かで、不完全な存在であると思っていないことになります。むしろその逆に、人間は賢く、完全な存在でなければならないと思っているのです。無宗教ということは、そういう信念を持っていることになります。

だから、世の中全体が不寛容な社会になったのです。

学校教育において、人間は完全でなければならないと教えられるから、不完全な人間、ちょっとした過ちを犯した人間に対して執拗《しつよう》に攻撃を加えます。「あの人はいけない人だ」と、みんなで寄ってたかっていじめるのです。いじめている自分だって不完全な人間なのに、自分に関しては採点基準が甘くなり、

〈そりゃあ、わたしだっていけないところはありますよ。でもね、わたしはそのいけないところをなくすように努力しているのだから……〉

と、自己弁護するのです。そして、他人を非難します。ともあれ、現代日本人は他

人の過ちを赦《ゆる》せない、狭量な人間になりました。

では、どうすればよいのでしょうか？

わたしは、いまこそ仏教者が真の仏教の教えを語るべきだと思います。そして、真の仏教の教えとは、完全な人間になるように努力しなさいと説くことではありません。そうではなくて、人間はみんな弱くて、愚かで、不完全な存在なんだよ。欠点だらけの人間なんだ。だから、みんなお互いに赦し合って生きなければならない。自分も不完全な人間だから多くの他人に迷惑をかけている。だから、あなたは他人から受ける迷惑を耐え忍びなさい。そう教えるのが真の仏教の教えを説くことになります。

わたしは最近、そのように考えています。

23

最後のわら

〝ラスト・ストロー（last straw）〟という英語があります。辞書を見ると、《ついに耐えきれなくなる負担〔行為・事情〕・His laughing was the ～．彼が笑ったのでもう我慢ならなかった……》

とあります。〝ラスト・ストロー〟は直訳すれば「最後のわら」なんですが、それがどうしてそんな意味になるのか、おわかりになりますか？

ラクダに重荷を背負わせます。さまざまな荷物を、もうこれ以上積めないぎりぎりまで積むのです。そして、その上にわら一本を載っけます。そうするとラクダは完全に参ってしまう。その一本のわらが最後のわらです。だから、その最後の一本のわらが、「ついに耐えきれなくなる負担」になるのです。おもしろい言葉でしょう……。

ところで、注意してほしいことは、この最後のわらはラクダがダウンした原因ではありません。なるほど、その最後のわらを載せることによってラクダは参ってしまいました。でも、ラクダの背に何も積載されていなければ、たった一本のわらが載っても、ラクダは何も感じないでしょう。だとすると、ラクダが倒れた「原因」は、それまでラクダの背中に積載されていた荷物の全量プラス一本のわらになります。一本のわらは原因ではないわけではありませんが、それだけが原因であるのではありません。

にもかかわらずわたしたちは、その最後のわらを原因と考えてしまうのです。たとえば、流行性感冒（流感）はインフルエンザ・ウイルスによって起きます。すると、われわれはウイルスが流感の原因だと思うのです。だが、健康な人はウイルスが体内に入っても、それで流感にはなりません。流感にかかる人は体力が弱っていたからです。ウイルスは最後のわらなんです。

そこで仏教では、〝原因〟といった言葉を使わず、

――因縁――

といった言葉を使います。因は直接原因で、縁は間接条件です。流感の場合は、インフルエンザ・ウイルスが因で、体力が弱っているというのが縁です。そして因と縁

が組み合わさって流感になるのです。最後のわらの場合は、因というものはなく、ラクダの背に載せられた荷物の全重量が縁となってラクダが倒れたのです。

ですから、仏教においては、因よりも縁を重視します。ということは、因だけで物事を考えてはいけないのです。たとえばわが子が大学受験に失敗したようなとき、彼が怠けたから失敗したのだと見るのは、因だけを見たことになります。たしかに、怠けたということは最後のわらなんでしょうが、その前に怠けたくなるような生活環境を家族の全員でつくっていたという縁があったのです。その縁の全体を見なければなりません。

24

繋驢橛

「繋驢橛《けろけつ》」といった言葉があります。禅の世界で言われるものです。〝橛〟は杭《くい》です。ろば（驢）が杭に繋《つな》がれています。それが「繋驢橛」。

そうすると、ろばは逃げようとします。あるいは、遠くにある草を食いたいと思い、動き回ります。でも、縄で杭に繋がれているので、杭の周りをぐるぐる回るはめになります。そうするとだんだん縄が短くなり、ついには動けなくなる。つまり、自縄自縛になるのです。「繋驢橛」なんです。

そんなの、逆回りすればいいじゃないか、と見ている人間は思います。でも、ろばにはそんな知恵はありません。そして、人間だって、ろばとそう変わりません。神経症の患者の「とらわれ」の状態もこれによく似ていると言われています。

開いている所から部屋の中に入ってきた雀《すずめ》が窓の外に逃げようとしてこんどは、閉じている窓ガラスに突き当たり、バタバタしていることがあります。入ってきた所から逃げればいいじゃないか、と言われても、雀にはそれが見えないのです。われわれ人間だって、冷静になればわかることでも、苦境におちいった人間には出口が見つからず、もがき苦しむはめになるのです。ろばや雀を笑えませんね。

では、苦境におちいったとき、わたしたちはどうすればいいのでしょうか……？

杭に繋がれたろばは、ともかくも杭に繋がれているのです。そして、ろばの力でもってはその杭から自由になることはできません。だとすると、まずは「あきらめること」です。あきらめは断念することではなしに、第一義的には「明らかにすること」です。自分は杭に繋がれていて、自分の力でもってはこの束縛から逃れることはできないのだと、しっかりと認識するのです。

そうして、その縄が許す範囲内で楽しく過ごす工夫をします。縄が許す範囲を超えて、その向こうに行きたいと思ってはいけません。そんなことを考えると、「繫驢橛」になってしまいます。

そうなんです、たとえばがんになったときを考えてください。ともかくその人は、がんという病気の杭に繋がれてしまったのです。その縄をほどきたいと思えば、「繫驢橛」になります。ぐるぐる杭の周りを回って、自縄自縛になります。そして悶々《もんもん》とした日々を送らねばなりません。

でも、がん患者のまま、できることはいっぱいあるはずです。その縄の範囲内で、できることを楽しめばいいのです。

わたしたちの悩み・苦しみの大部分は、思うがままにならないことを思うがままにしようとすることから起きています。その悩み・苦しみを克服しようとする努力は、だいたいにおいて自縄自縛の状態に自己を追い込むことになっています。思うがままにならないことは、思うがままにならないことだと「明らめること」が大事なことではないでしょうか……。

25

約束の破棄

わたしたちは約束を破ったとき、ほんの少しは忸怩《じくじ》たる思いをします。〈済まない〉〈申し訳ない〉と思うのですが、そのあとすぐに、〈でも、仕方がなかったんだ〉と、約束を破らざるを得なかったあれこれの事情を言い立てて、自己を正当化します。子どもと遊園地に行く約束をしていた父親は、

「会社の出張が入ったんだよ。仕方がないんだよ。来週、連れて行くからね」

と弁明して終わりです。正統な理由があれば小さな約束は、破っていいと暗々裡《あんあんり》に思っています。

まあ、実際約束を履行せねばならないか、破棄してよいかは、新たに発生した事柄の大小によって決定されます。父親が危篤になったとき、恋人とのデートの約束は破ってよいと判断されます。それが常識ですよね。

そこでイスラム教徒は、約束をするときに、必ずそこに、

「イン・シャー・アッラー」

の言葉を付け加えます。これは、「神の思し召《おぼめ》しがあれば」、「もしも神がそれを望んでおられたら」といった意味です。だから、たとえば、

「あす十時にお会いしましょう。神がそれを望んでおられたら（イン・シャー・アッラー）」

となるわけです。イスラム教の聖典『コーラン』が、そのように言えと命じています。

最初わたしは、このようなやり方は責任逃れのように思えていやでした。ずるいと思ったのです。けれども、よく考えてみれば、われわれ日本人のほうがずるいですね。重大な事情が発生すれば、小さな約束なんて破ってよいと思っているのですから。ある有名人などは、約束の時間に四時間も遅刻しながら、これこれしかじかの公用が発生したもので……と、その事情だけを説明するだけで、謝罪はいっさいしませんでした。彼は、自分のほうに正当な理由があれば、相手は待たねばならないと思っているのです。汚い人間です。

では、わたしたちは、「約束」というものをどう考えればよいのでしょうか?
わたしは、仏教者であれば、人が人と約束する前に、人は仏と大きな約束をしていると考えるべきだと思います。その大きな約束とは、

——仏よ。わたしは人間としてあるべき道を歩みます。それゆえ、自分の勝手な都合のために、あるいは自分の私利私欲のために、他人の不利益になるようなことはしません。仏よ、わたしはそのことをお約束します——

というものです。そして、この約束にもとづいて、他人との約束を破ってよいか否かを判断すべきです。また、どうしても約束を破らざるを得ないと判断したら、相手に詫びると同時に仏に謝罪しなければなりません。

そのような約束を仏としている人が仏教者です。したがって無宗教な人間は、自分の都合のためには相手を騙《だま》し、約束を破っても平気でいられる人です。

『法華経』の教え

仏教経典の王といわれる『法華経』の原題は、サンスクリット語で、

――サッダルマ・プンダリーカ・スートラ――

といいます。〝サッダルマ〟は「正しい教え」であり、〝プンダリーカ〟は「白い蓮《れん》華《げ》」。そして〝スートラ〟は「経典」です。ですから、『法華経』は、「白い蓮華のような正しい教えを説いた経典」なのです。

ここのところに深い意味があります。

ご存じのように、蓮華、すなわち蓮《はす》の花は泥から咲き出ます。泥の中から出て、空中に花を咲かせるのであって、決して泥の中に咲くのではありません。

では、泥とは何でしょうか?

それは、われわれが住んでいるこの現実世界です。『法華経』はそれを〝三界《さんがい》〟と呼び、そしてその三界は火宅《かたく》だと言っています。

火宅というのは火事で燃えている家です。住んでいる家がぼうぼうと火事で燃えているのに、わたしたちはそれに気づかず平気で遊んでいます。『法華経』はそのような譬《たと》え話で説明しています。

そう言われると、その通りです。われわれの住んでいるこの日本という国は、昨今はひどい競争社会になっています。

競争社会においては、人は競争に勝つためには何だってやります。他人を騙《だま》すことだって、〈勝つためには仕方がないじゃないか〉と言い逃れをして、決して悪いことだと思いません。

商品の偽装表示が問題にされていますが、競争原理を是認するかぎり、あれはなくならないでしょう。競争に勝つためには、悪いか・悪くないかは問題にならず、ばれるか・ばれないかだけが問題なのです。

だから、日本は火宅です。いえ、火宅というより、地獄といったほうがより適切でしょう。

それゆえ、わたしたちは火宅・地獄から脱出せねばなりません。『法華経』は、この火宅から外に逃げ出なさいと教えています。地獄に執着していてはいけないのです。

それが蓮の花の譬喩《ひゆ》です。泥から外に出て花を咲かせるのです。

具体的にいえば、競争社会という地獄の中で、競争の勝者になろうと激しい闘争心を燃やしてはいけない。世間の人は、闘争心を燃やすことがガッツ（やる気）があると言って褒めますが、それは泥の中に潜り込んで、その中で花を咲かせようとしていることです。それだと、わたしたちは窒息してしまいます。

しかし、これは努力するな！と言っているのではありません。また、勝ち組になってはいけないと言うのでもありません。

わたしたちがゆったりと精進して、毎日を楽しみながら生きて、それで勝ち組になれるのなら、それでもいいのです。だが、なにがなんでも勝ち組になろうと闘争心を燃やすことがよくないのです。

仏教は、そのようなゆったりとした精進が大事だよ、と教えています。

27

ほとけさまが決められる

だいぶ昔の話ですが、ある私立幼稚園で定員を上回る入園希望者がありました。そこでその園では、抽籤《ちゅうせん》によって入園者を決めることにしました。商店街で歳末大売り出しのときに使う道具を持って来て、白玉が合格、赤玉が不合格になるのです（反対だったかもしれません）。

有名幼稚園ではテストなんていうこともあったようですが、幼稚園生にテストは気の毒です。抽籤のほうがよいと思います。

それでも、ちょっと困ったことが起きました。

ある高僧のお孫さんです。そのお孫さんは合格だったのですが、彼女の仲良しの子が不合格でした。だから、「わたしはあんな幼稚園には行かない」と言い出したのです。やさしいお嬢ちゃんです。

わたしは高僧に尋ねました。

「で、どうなりました……？」

「なに、子どもですから、そのうちに忘れてしまいました」

それはそうですよね。幼稚園に行く子が、人生の一大決心をするわけがありません。ほんの一時の心境ですね。

でも、わたしは考えさせられました。ほんの一時期であれ、子どもの心を傷つけるのはかわいそうではないか。子どもの心を傷つけないためにはどうすればよいだろうか、と。

テストによる競争はたしかに残酷です。けれども、抽籤による選別だって、残酷でないわけではありません。落ちた人間は傷つきます。

だとすると、わたしたちは「選別する」といった考え方を変えたほうがよさそうです。

それは大学の入学試験だって同じです。幼稚園や大学が選別して、入園者・入学者を決めると考えるのではなく、ほとけさまがそれぞれの人の進路を決めてくださるのだ、と考えてみてはどうでしょうか。

実際問題として、自分の志望する大学に入学できたとして、それでその人が幸せになれるかどうかは分かりません。現役で一流大学に合格したのはいいのですが、クラスメートに相性の悪い者がいて、その人にいじめられて自殺した大学生だっています。

一年浪人ののち入学して、すばらしい恋人が見つかるかもしれません。そうすると、大学の入学試験を受けるのも、たんに実力判定ではなしに、ことしこの大学に入学したほうがいいか、それともことしは見送りにしたほうがいいか、ほとけさまに決めていただくと考えるべきです。わたしはそう考えたほうがよいと思います。

そうすると、幼稚園の抽籤の前に、親が子どもにこう説明してあげたほうがよいでしょう。

「あなたがどの幼稚園に行けばよいのか、ほとけさまが決めてくださるのだよ。そして仲良しのヒロコちゃんがどの幼稚園に行くのがよいか、それもほとけさまが決められるのだよ」

それが仏教者の考え方ではないでしょうか……。

28 草を食べない死んだ牛

息子を亡くした長者がいました。

長者というのは大資産で、帝王をしのぐほどの財産を持っていました。彼はその財力でもって、毎月の息子の命日には近隣の人々に山海の珍味を供養します。

と同時に、亡くなった子どものためにも、山海の珍味をお供えします。だが、いくら供えても、死んだ息子はそれを食べてはくれません。

死者が実際に食事ができないのはあたりまえですが、長者にはそのあたりまえが分からず、

「ああ、悲しいことだ」

と嘆いています。

そして、かれこれ一年が過ぎました。ある日、小さな男の子が牛を引いて、長者の邸《やしき》の前を通りかかります。ところが、その牛が邸の前でばたりと倒れて死んでしまっ

た。

　すると、男の子はどこかに走って行き、青草を持って来ます。その青草を牛の口先に突きつけて、

「さあ、食べろ。食べろ」

　と言いました。でも、死んだ牛が草を食べるはずがありません。すると小さな男の子は、

「なんで食べないのか?!」

　と大声を出し、杖でもって死んだ牛を叩くのです。

　邸から長者が出て来て、その光景を見て、

「なんでそんなに牛を叩くんだ?!　死んだ牛が草を食べるはずがないことぐらい、おまえには分からないのか?!」

　と、子どもに忠告をしました。

　すると、その子どもは笑いながらこう言うのです。

「ぼくの牛は死んだばかりです。死んだばかりだから、ひょっとしたら生き返るかも

しれませんよ。でも、長者さん、あなたの息子さんは一年も前に亡くなったのでしょう。その息子さんがお供えの食事をしてくれないと言って、あなたは嘆いています。あなたとぼくと、どちらが愚かなんでしょうかね」

長者はその言葉に目が覚めました。

「きみは賢い子だね。どこの子どもなんだい?」

「お父さん、じつはぼくは死んだあなたの息子です。ぼくは死んだあと、天上界で幸せに暮らしています。それなのに、お父さんやお母さんはいつまでもぼくの死を悲しんでいます。あんまり気の毒なので、こうしてぼくが訪ねて来たのです。どうかあまり嘆き悲しまないでください」

そう言ったあと、男の子は牛とともにどこかへ消えてしまいました。

『雑譬《ぞうひ》喩経《ゆきょう》』という経典に出てくる話です。

死んだ子どもが天上界やお浄土で幸福に暮らしている。それを信じてあげるのが、死者に対する最大の供養ではないでしょうか。

わたしはそう思います。

29

仏教は智慧の宗教

コブラは毒蛇です。普通の状態だと無毒の蛇と変わりがないのですが、危険を感じて興奮すると、体の前半部を立ち上がらせて、頸部《けいぶ》を広げて特有の威嚇姿勢をとります。

インドやスリランカでは、街頭で「コブラ踊り」の見世物がみられます。コブラが笛にあわせてゆらゆらと踊るのです。しかしあれは、コブラが本当に笛の音を聴いているのではなく（コブラの聴覚は鈍感だそうです）、暗い容器から急に、明るい所に出されたコブラが興奮し、威嚇行動をとる習性を利用したものです。もちろん、見世物に使うコブラは毒が抜かれています。

＊

お釈迦さまが過去世において修行しておられたとき、その近くにコブラがいて一緒に修行していました。お釈迦さまはコブラに、

「あなたはすぐに怒りだす悪い癖があります。だから、あなたは、怒らずにじっと我慢をする忍辱《にんにく》の修行をしなさい」

と忠告しました。

「はい、分かりました。わたしは怒らない修行をします」

と、コブラはお釈迦さまに誓いました。

ところで、あるとき、コブラが住んでいる森の中に子どもが薪《まき》拾いにやって来たのです。だが、子どもは拾った薪を縛る縄を持って来るのを忘れていました。〈困ったなあ……。どうしようか〉と思ったのですが、そこに一本の縄が落ちていたので、〈ちょうどよかった〉とその縄で薪を縛って家に帰りました。

じつは、縄だと思ったのは例のコブラでした。あたりが暗くなっていたので、子どもはコブラを縄と見まちがったのです。コブラはお釈迦さまとの約束があったので、黙って縄の役目をつとめました。しかし、そのために、コブラは背骨が折れるし、あちこち傷だらけになり、死にそうな思いをして森に逃げ帰って来ました。

「いやあ、ひどい目に遭いました。わたしは危うく殺されるところでした」

と、ちょっと恨めし気に、コブラはお釈迦さまに報告しました。するとお釈迦さまは、こう言われました。

「あなたは馬鹿ですね。あなたは頸部を広げて威嚇姿勢をとり、シューッといった威嚇音を出せばよかったのですよ。そうすると子どもは、これは縄ではないし、普通の蛇でもない。これはコブラだと気がついたはずです。そうすれば、そんな危険に遭うことはなかったのですよ」

＊

怒らないこと、忍耐をするということは大事なことです。しかし、それにも限度があります。なにも生命の危険を冒してまで、馬鹿正直に忍辱の修行をする必要はありません。どこまで耐え忍ぶべきか、わたしたちはそれを判断する智慧を持つべきです。仏教は智慧の宗教だということを忘れないでください。

30

「四方サンガ」の理念

〝僧〟という語は、インドのサンスクリット語の〝サンガ〟を〝僧伽《そうぎゃ》〟と音訳し、それを省略したものです。そして、〝サンガ〟は「集い・群れ・団体」を意味します。したがってサンガ（僧伽あるいは僧）は、本来は「仏教教団」を意味し、一人一人のお坊さんの意味ではありません。それが日本においては、いつのまにか僧といえば一人のお坊さん（出家者）を意味するようになり、複数形の場合はわざわざ〝僧たち〟と呼ばれるようになりました。

それはさておき、サンガは仏教教団を意味します。そして、サンガには二種があります。

――四方《しほう》サンガと現前《げんぜん》サンガ――

です。日本仏教ではこの二つの区別をあまりしませんが、インド仏教では二つははっきり区別されています。

ある土地に四人以上の比丘《びく》が集まったとします。比丘というのは出家修行者です。日本でお坊さんと呼ばれ、また僧と呼ばれている人です。で、ある土地に四人以上の比丘が集まると、そこに「現前サンガ」が出来るわけです。そして、この現前サンガは、サンガの構成員の合議によって運営されます。もちろん、サンガの構成員の一部が他の土地に移って、比丘が三人以下になると、その現前サンガは消滅することになります。

ですから、この地球上には、多数の大小さまざまなサンガ（仏教教団）が、その都度、成立したり解消したりしているわけです。

ところが、サンガはそれだけではありません。もう一つ、「四方サンガ」があります。

この四方サンガの構成員は、いま現在の時点において地球上にいる比丘の全員です。いや、現在いる比丘ばかりではなく、これからの将来において比丘になる人たちの全員を含めています。

いいですか、たとえば釈迦の時代に、インドの土地に大勢の比丘がいました。彼らは、それぞれの土地における現前サンガの構成員であると同時に、また四方サンガの構成員でした。しかし、四方サンガの構成員は彼らだけではなしに、遠い二十一世紀の日本で比丘となる者までも含んでいたのです。

ですから、仏教教団は、いま現在の仏教者のためだけのものではありません。これから先、未来において仏教を学ぼうとする人たちのために、仏教教団は大きな責任を負っています。それが四方サンガの理念です。

じつは、最近わたしは、アメリカ先住民の一つであるナバホ族のあいだで語られている言葉を知りました。

《自然は祖先から譲り受けたものではない。子孫から借り受けたものだ》

いい言葉ですね。この言葉から「四方サンガ」の理念を思い出したのです。この地球はいま生きている人間だけのものではありません。これから生まれてくる大勢の人たちを含めた「四方地球」です。そのことを忘れずにおきましょう。

31

この世は「火宅」

東京の秋葉原で無差別殺傷事件が起きました。そればかりでなく、連日のように嫌な事件が起きています。

「困ったことだ」「何が原因だ？」「どうすれば世の中をよくすることができるのか？」

人々はそう語りあっています。

けれども、仏教者であれば、ここで注意すべきことがあります。それは、仏教は、この世を「火宅《かたく》」と考えていることです。これは、『法華経』という経典の中で説かれていることなんです。すなわち、

《三界《さんがい》は安きこと無く　猶《なお》、火宅の如し》（この世界は安穏《あんのん》ではない、あたかも燃え盛る家のようだ）

《汝等《なんだち》は楽《ねが》って、三界の火宅に住することを得ること莫《なか》れ》（あなたがたは、この燃

え盛る家に執着して居座ってはならない）

とあります。わたしたちが住んでいる世界は、「火宅」（燃えさかる家）であって、決して住みよい世界ではありません。

世界が火宅であるのは、なにもいまに始まったことではないのです。釈迦世尊がおいでになった時代から現在にいたるまで、ずっと火宅であったのです。

わたしたちは最近の世相がおかしくなったと思っていますが、じつは少年犯罪については、むしろ減少しているのです。少年の兇悪犯《きようあく》――兇悪犯というのは、殺人、強盗、強姦、放火の四大犯罪を犯した人です――の数は、一九六〇年の八千百十二人がピークでした。それ以降、減少を続けています。また、日本における少年犯罪の発生率は、世界水準からすればきわめて低いのです。

にもかかわらずわれわれは、近年になって少年による兇悪犯罪が増えたかのように思ってしまいます。それはマスメディアの報道のせいかもしれません。マスメディアが事件を「これでもか、これでもか」といった態度で取り上げる。そうするとわたしたちは、その報道に踊らされてしまうのです。

実際には、近年になって増加しているのは、六十五歳以上の高齢者によるもので、全犯罪の十パーセントを超えるまでになっています。年寄りは（わたしもその年寄りの一人なんですが）口癖のように、

「最近の若者は怪《け》しからん」

と言いますが、怪しからんのは年寄りのほうなんですね。

だが、それにしても、最近の日本はおかしな国になりました。なぜおかしな国になったのか？　それは宗教心がなくなったからです。仏教の教えが説かれていないからです。

いずれの時代であっても、この世は火宅です。その火宅に住むには、人間は競争してはいけないのです。ところが、小泉内閣以後、日本は猛烈な競争原理を導入し、格差社会をつくり上げました。そうすると、人々の心はすさんでしまいます。われわれ仏教者は、競争を助長する政治に「ノー」を言わねばなりません。その「ノー」を言うことが、仏教者の責務だと思います。

32

世間に左右されるな！

わが国浄土宗の元祖とされる法然上人（一一三三―一二一二）をはじめとして、その影響を受けた念仏者たち二十数人の言行を集めた書物に『一言芳談《いちごんほうだん》』があります。鎌倉時代の末ごろに編集されましたが、その編者の名は分かっていません。

その中の一つに、行仙房《ぎょうせんぼう》という念仏者の次のような言葉があります。

《仏道をねがふといふは、別にやうやうしき事なし。ひまある身となりて、道をさきとして、余《よ》の事に心をかけぬを第一の道とす》

（仏道を志すといっても、別段大袈裟なことではない。暇《ひま》のある身になって、仏道を優先し、世間のことを気にしないのが第一の道である）

あの『徒然草《つれづれぐさ》』の作者の吉田兼好（一二八三？―一三五二？）もこの言葉に感動したのでしょう。第九十八段にこれを引用しています。

仏道を歩むには、わたしたちはまず暇をつくることです。暇人でないと仏道の実践はできません。それじゃあ、どうしたら暇がつくれるかといえば、世間のことに関心を持たないことです。われわれはあまりにも世間のことに関心を持ちすぎていて、忙しくなり、時間の余裕を持てないでいるのです。行仙房という念仏者はそう言っています。

ここで、「仏道を歩む」ということを、われわれは「人間らしい生き方をする」に置き換えてみましょう。そうすると、この言葉は、現代の日本人に対する適切なアドヴァイスになっていることが分かります。

昨今の日本人は、あまりにも世間のことに関心を持ち過ぎています。政治や経済、国際問題が盛んに論じられ、また、テレビは他人のゴシップ話を厭《あ》きもせず放映しています。そのために、どれほどの時間を無駄にしているか、考えたことはありますか……?

しかし、そうした世間のことは、どうだっていいのです。どうだっていいというのが語弊があれば、われわれが人間らしい生き方をするには、他人のゴシップ話や世間の動向は関係ありません。わたしたちは、いつの時代にあっても、仏教の教えであ

る、

——少欲知足——

を実践すればよいのです。欲望を少なくし、足《た》るを知る生活をすればいい。それが仏教の教えですから、それを信じていればいいのです。

最近は百年に一度の不況だと言われています。不況の時代をどう生きればよいか、人々は迷っているようです。けれども、そこで迷うのはおかしいのです。迷うというのは世間に左右されているからです。仏教者であれば、仏教の教えを信じて「少欲知足」の生き方をしていれば、いかなる時代が到来しようと迷うことはありません。

そうなんです。もともとこの世は火宅《かたく》なんです。『法華経』はそう教えています。わたしたちは火宅の世の中に執着せず、仏教の「少欲知足」を信じて人間らしく生きるべきです。わたしはそう考えています。

33

不幸な人を忘れるな！

この問題は論ずることがむずかしいのですが、避けて通ってはいけないと思いますので、わたしの考え方を書いてみます。

わたしはいろんな機会に僧侶の方とお話しします。で、そのとき、僧侶のうちに、

「日本という国はいい国ですよ」

と言われる方が多いのですが、そうするとわたしはつい反論したくなります。実際に表立って反論しないまでも、心のうちでは、

〈仏教者たる者、そんなことを言ってよいのだろうか……〉

と思ってしまうのです。

というのは、いまの日本において、たとえば勤めている会社を解雇され、職を失って路頭に迷っている人が大勢います。いや、すでにホームレスになっている人も大勢います。あるいは学校でいじめにあっている子どもたち。交通事故で大怪我をした

り、死んでしまった人。そういう不幸な人が大勢います。

そういう人々にとって、本当に日本はいい国でしょうか……?

日本をいい国だと言ったとたん、わたしたちは不幸な人々の存在を忘れてしまっているのです。

もっとも、会社を解雇された人は、その人の能力が低かったからだとも言えそうです。交通事故にあうのは偶然でしょうが、不幸な人々のうちには、その不幸になった原因が少なからず自分にあることは否定できません。でも、だからといって、われわれはその不幸な人々を無視していいでしょうか。仏であれば、きっと不幸な人々に胸を痛めておられるに違いありません。したがって、仏教者であれば、そういう不幸な人々に同情すべきだと思います。

それから、ひょっとすれば、他の国とくらべて日本にはそういう不幸な人の割合が少ないから、日本はいい国だと主張される人もいるでしょう。しかし、政治家がそのように言うのは分かりますが、仏教者はそのような考え方をすべきではありません。

その点では、童話作家の宮沢賢治(一八九六—一九三三)が、

《世界がぜんたい幸福にならないうちは個人の幸福はあり得ない》（『農民芸術概論綱要』）

と言っていますが、これが仏教者の考え方だとわたしは思います。

では、わたしたちは日本についてどう考えればいいのでしょうか？

大乗仏典の『法華経』は、三界《さんがい》（われわれが住んでいるこの世界）は、

――火宅《かたく》――

だと言っています。火事で燃えている世界です。つまり、いつの時代、いかなる国も、理想の世界ではありません。必ずそこには泣いている不幸な人がいるのです。自分はこの世界で利益を享受しているからといって、不幸な人々のいることを忘れてはならない。というのが仏教の教えではないでしょうか。

わたしはそう考えています。

34

いい世の中と悪い世の中

前回の続きを考えてみます。前回は、どんな世の中であっても、幸福に生きている人もいるが、不幸に泣いている人もいる。だから、わたしたち仏教者は、不幸に泣いている人のことを忘れてはいけない。そういうことを書きました。

そのことを前提にして、もう少し考えたいことがあります。

それは、仏教者は、いい社会をつくろうとしてはいけないということです。どうもわたしの発言は非常識で、よく誤解されるのですが、仏教者は世の中を良くしようなんて思わないほうがいいと思います。

なぜかといえば、いつの時代、いかなる国にあっても、一方には大きな利益を享受して幸せに生きている人もいれば、他方には不幸で泣いている人もいるからです。その社会の全員が幸福であるような社会は、絶対にありません。

いかなる国にも、日の当たる場所にいる人と日の当たらぬ場所にいる人、支配者と被支配者、特権階級と下層民がいます。階級の対立のない共産主義社会なんて、夢でしかありません。

しかも、ですよ。大きな利益を享受できる人々にとっては、不幸に泣く人が大勢いたほうがいいのです。貧乏人が増えれば増えるほど、その富は少数の金持ちに集中されます。逆に貧乏人が少なくなれば、金持ちはあまり富を所有できません。プラスとマイナスは釣り合いがとれてゼロになるからです。

そうすると、金持ちにとってのいい社会は、貧乏人が多くなることです。損をする負け組が多いほど、得をする勝ち組が幸せになれます。それはお分かりいただけますよね。

では、いい社会をつくるということは、どういうことでしょうか……? 勝ち組の立場からすれば、負け組の損を大きくすればするほど、勝ち組にとってはいい世の中になるわけです。つまり、負け組の人たちが泣きの涙で暮らさねばならない社会であれば、勝ち組にとっていい社会になるのです。

だとすると、仏教者は「いい世の中」をつくるために努力すべきでしょうか？

そうではありませんね。
もちろん、仏教者は、世の中を悪くするように努力すべきだ、というのではありません。
そうではなしに、わたしたち仏教者は、どんな世の中であっても泣きの涙で暮らしている不幸な人たちがいることを忘れるべきではないのです。そして、法然上人や親鸞聖人、日蓮聖人、その他さまざまな高僧たちが、その不幸な人々に救いの手を差し伸べられたのだということをしっかりと記憶しておきたいのです。また聖徳太子（五七四―六二二）が、
《世間《せけん》虚仮《こけ》、唯仏是真《ゆいぶつぜしん》》（世間はうそいつわりで、ただ仏のみが真である）
と言われたことも銘記しておきたいですね。仏教者は、あまりこの世の中に執着すべきではないと思います。

35

「空」とは何か？

『般若心経』が「空《くう》」を教えたお経であることは、ほとんどの方がご存じです。いまから三十年ほど昔ですが、仏教の講演会でわたしは、

――「空」のはなし――

と題する講演をしました。当時わたしは、気象大学校で哲学を教えていたので、肩書きは「気象大学校教授」になっていました。

講演終了後、聴衆の一人から質問がありました。

「きょうの演題は、〝空《そら》のはなし〟なのに、天気予報についてはちっとも話されませんでした。どうしてですか……？」

あれにはびっくりしましたね。やはり「空《くう》」について語るときには、ルビが必要かもしれません。

では、「空」とは何でしょうか？　これはなかなかむずかしいのですが、わたしは

次のようにいうことができると思っています。

――「空」とは、有る／無いにこだわらない考え方――

たとえば、わたしたちは心配事が有ると思っています。そして、その心配事を無くそう、無くそうとしています。それは有／無にこだわり、有／無にとらわれた考え方です。

でも、心配事というのは、あなたが自分でつくりだしたものなんですよ。固定的な心配事というものはありません。それは実体的に存在しているものではないのです。それが証拠に、くよくよ、じくじく心配しているときに、ぐらりと地震が起きると、たちまち心配事は消え失せてしまいます。あるいは、これは心配事の性質にもよりますが、一週間もすればその心配事はなくなっています。人の噂も七十五日といいますが、七十五日後にも残っている心配事なんて、まずはありませんね。

つまり、心配事なんて、有るとか無いといったものではないのです。さまざまな条件――仏教の言葉だと〝縁《えん》〟です――によって、そこに仮に生起しているだけです。それが「空」なんです。

これは、悩みや悲しみにしても同じです。固定的、実体的に存在している悩みや悲しみなんてありません。すべては「空」です。「空」というのは、さまざまな縁によって、そこに仮に悩みや悲しみとして現れているのです。有る／無いで考えてはいけないのです。

では、どうすればよいのでしょう？

まあ、幽霊みたいなものだと思ってください。幽霊に怯《おび》えている人に、「幽霊なんて存在しない」と説き聞かせてもだめです。それは有る／無いにこだわった考え方です。むしろ幽霊をよくよく観察してごらん。幽霊にもなかなかいいところがあるよ、と教えてあげたほうがよいでしょう。

ということは、わたしたちは、悩みや不安、悲しみ心配事とうまく付き合うようにすればいいのです。ただし、その方法は、各自がうまく考案、工夫するよりほかありませんが……。

36

仏は魔法使いではない

ある中小企業の社長が、経営危機に直面し、東奔西走の苦労をしました。ついに血尿まで出る有様でしたが、結果的にはその会社は倒産してしまいました。その社長は熱心な仏教徒であったのですが、心労・苦労の中で、

「ほとけさまはちっともわたしを助けてくれない。俺はほとけに見放されたのか?!」

と思ったそうです。そして倒産したあとは、

「自分はあれほど倒産を怖《おそ》れていたが、倒産なんてこれぐらいのことか?! なにもそれほど怖れる必要はなかったのだ」

とようやく悟ることができました。彼はわたしに、そのように話してくれました。

ちょっと考えさせられる話です。

わたしたちは、仏の救いというものを誤解していないでしょうか……?

仏は、金策に駆けずり回っている人に金を与える。病気の人の病気を治す。学校の

劣等生の成績をよくする。そうすることが仏の救いでしょうか⁈　それなら仏は、わたしの願いを何でも聞いてくれる魔法使いになってしまいます。

仏の救いというものは、そんな魔法ではありません。

たしかに仏は、あらゆる人、すべての人を救われます。この人の悩みは救ってやるが、この人は救わない。そんな仏ではありません。いっさいの衆生を救われるのが仏です。

だが、まちがえないでください。仏は、それぞれの人の個別な願望を叶えてやろうとされているのではありません。そうではなくて、あらゆる人がそれによって救われる、一つの「道」を説いておられるのです。その道がすなわち、

――仏道――

です。あなたがたはこの仏道を歩みなさい。ゆったり歩みなさい。そうすると、必ずあなたがたの悩みは消えてしまうよ。悩みがなくなるよ。仏はわたしたちにそう教えてくださっているのです。

社長であれば、金策に駆けずり回る苦労はしっかりとすべきです。しかし彼は、自

分の会社を潰したくないという「欲望」から離れないといけません。病気になって、病気を治そうとする努力はすべきです。でも、病気を治したいという「欲望」は捨てるべきです。

会社が潰れるか否か、病気が治るか治らないか、それらは思うがままにならないことです。思うがままにならないことを思うがままにしようとすれば、必ずや苦しみが生じます。わたしたちが苦しみ、悩むのは、ほとんどの場合、思うがままにならないことを思うがままにしようとしているからです。すなわち「欲望」の故に悩んでいるのです。

仏は、だから「欲望」から離れてごらん、そうすると楽になれるよ、と教えてくださっています。そうして、楽になった上で金策に東奔西走すればいい。それが仏の救いだと思います。

37

「信じる」ということ

われわれはみんな「人生老死号」という列車の乗客なんです。この列車はわれわれ乗客を乗せて、老いと死に向かって走っています。いくら頼んでも逆方向には走ってくれません。そして、列車そのものには終着駅がないのです。どこまでもどこまでも走り続けます。

われわれがどこでこの列車を降りるか、分かりません。しかし、静かに耳を澄ましていると、やがて仏の声が聞こえてきます。

「おまえ、次の駅で降りなさい」

と。その声が聞こえたら、周囲の人に挨拶して人生老死号を降りるとよい。そうすれば、隣のホームに「ほとけ号」が待っています。そのほとけ号は、われわれをお浄土に運んでくれます……。

仏教講演会で、わたしはそのような趣旨の話をしました。すると、終了後の質問コーナーで、聴衆の一人がこんな質問を寄せてきました。

「あの〝人生老死号〟の話は、先生がそう信じておられるということで、そしてわれわれ聴衆もそのように信じなさい、ということなんですか⁉」

そんな子ども騙《だま》しみたいな話を聴衆に押し付けるなんて、おまえは詐欺師だ！　そう言わんばかりの態度に、わたしはいささか「むっ」となりましたが、しかし冷静にこう応じました。

「そうです。わたしはそう信じています。ところで、わたしの話を聞いて、あなたはどう思いましたか？」

「まあ、わたしも、先生のように信じられたらいいなあ……とは思いました」

その言葉の裏には、〈そんなことを信じている奴は、オメデタイ奴だ〉といった気持ちが見え見えでした。しかし、それを無視して、わたしは続けました。

「〝信じられたらいいなあ……〟と思ったのであれば、信じるように努力すればいいではありませんか。もしもあなたが、〝信じたくない〟と思ったのであれば、信じないようにすればいいのです。信じるか／信じないか、それはあなたの自由です。ひろさちやが言っていることが正しいか／正しくないか、そんなことは問題外です。お浄土があるか／ないか、あれば信じる、なければ信じない。そんな考え方はおかしい。お浄土があればいいなあ……と思うのであれば、信ずればいい。信じたくないと思うのであれば、信じない。信ずると言うことはそういうことなんですよ」

しかし、わたしのこの言葉が彼に通じたかどうかは分かりません。

《愚かな人は咎《とが》め立てをする心で仏の教えを聞く。そんなことをすれば正しい真理からますます遠ざかる》

『テーラガーター』（三六〇、三六一）という経典に出てくる釈迦世尊の言葉です。彼には通じなかったかもしれませんが、わたしは「信じる」ということの意味を、このときしっかりと学ばせていただきました。

38

仏教者のあるべき姿

ユダヤ教の安息日は土曜日です。そして、ユダヤ教では、安息日にはお金を扱ってはいけないことになっています。

あるラビ（教師）が弟子たちに質問しました。

「安息日にお金が入っている財布が道に落ちていた。おまえは拾うか？」

指名された弟子が答えました。「もちろん、拾いません」。するとラビは、その男を「おまえは馬鹿か!?」と叱りました。

次に指名された弟子は、「わたしは拾います」と答えました。そう答えざるを得ませんよね。するとラビは、「おまえは罪人《つみびと》だ！」と叱ります。

そのあと、第三の弟子が指名されます。二人が叱られたあとなので、彼は慎重に答えます。

「わたしには答えられません。たぶん、その場になると、わたしはずいぶんと迷うだろうと思います。しかしわたしは、きっと神がわたしに正しい判断をさせてくださるだろうと信じています」

「よろしい。それがわたしの求めている答えだ」

ラビはその第三子の弟子を褒めました。

そんな話が、ラビ・ピンハス・ペリーの『トーラーの知恵』（ミルトス）に出ていました。ちょっといい話ですね。

＊

われわれ仏教徒は、仏教の教えを学んでいます。

したがって、仏教の教えによると、こういう場合はこうすべきだと頭ではわかっているのです。そうすると、頭でわかっているものだから、自分ではそれができると思っています。

たとえば、「怒るな！」といった教えを、自分はそれが実践できると思っているのです。

そして、実践できると思っていると、いつのまにか自分はそれを実践していると錯覚してしまいます。実践しているつもりになってしまうのですね。

そうなると、次には、それを前提にして他人を批判するようになります。他人が激怒しているのを見て、〈あの人は悪い人だ〉と蔑《さげす》むようになるのです。

けれども、実際に自分がその立場に置かれると、仏教の教えをちゃんと実践できるかどうかわかりません。いや、実践できないと断言してもよいくらいです。

しかし、だからといって、仏教の教えを捨ててしまってはいけない。仏教の教えは実践できないものだと言ってしまえば、わたしたちは仏教徒ではなくなってしまいます。

わたしたちは、こう考えるべきなのです。

いざとなって、わたしは仏教の教えを実践できるかどうかわからない。わたしは迷うだろうと思う。けれども、わたしは、自分が学んだ教えを実践できるようになりたい。そのためにこそ、日々精進しよう……と。

わたしは、それが仏教者のあるべき姿だと思います。

39

煮えたぎる銅汁

閻魔《えんま》大王といえば、死者の生前の罪を裁き判決を下す裁判官です。みるからに（といっても、わたしは一度も実物を見たことがありませんが）恐ろしい顔をしています。

だが、仏教の教理によりますと、この閻魔大王の正体は地蔵菩薩《じぞうぼさつ》です。いつもにこにこと柔和な顔をしておられるお地蔵さんと、怖い閻魔さんが同一人物だというのだから、ちょっと驚きです。なぜなのでしょうか？

それは、もしもお地蔵さんが柔和な姿のままで死者の裁きをされるなら、死者はお地蔵さんに甘えて、いっこうに生前の罪を反省しないからです。そこでお地蔵さんは怖い閻魔大王の姿を見せて、死者を脅かしておられるのです。もちろん、脅しは表面的なもので、本質においてはお地蔵さんは死者の罪をすべて赦《ゆる》しておられるのです。

それから、閻魔大王は毎日、亡者の罪を裁く前に、煮えたぎる銅汁《どうじゅう》を飲み干すといわれています。

これは、煮えたぎる銅汁が閻魔大王の嗜好品——というわけではありません。煮えたぎる銅汁を飲めば、彼の喉は焼けただれ、七転八倒の苦しみを味わわねばなりません。その苦しみを味わうために彼は銅汁を飲むのです。

では、なぜ閻魔大王は、そんなサディスティックなことをするのでしょうか？

それは、彼が裁かねばならない罪人たちと同じ苦しみを味わうためです。

わたしたちは簡単に人を裁きます。罪を犯した人に対して、〈あの人は悪い人だ〉と断罪し、非難し、攻撃を加えます。平気で人を鞭打《むちう》つことをします。

けれども、わたしたちが他人を裁くとき、わたしたちは傲慢になっています。人間の弱さを忘れてしまっています。人間というのは弱い存在です。だから、同じような状況に置かれたならば、自分だってその人と同じ罪を犯したかもしれないのです。それなのに、傲慢にも自分は完璧な人間であると自惚れて、

〈わたしであれば、絶対にあのような罪は犯さない〉

と信じ込んで、その上で罪を犯した人を裁いているのです。しかも、本当の裁判で

あれば裁判長は被告の弁明、釈明を聞くのですが、わたしたちが他人を裁くときには、相手の弁明を聞かずに、ただ一方的に裁いてしまいます。まったくおかしな裁きです。

閻魔大王は死者を裁くとき、その前に煮えたぎる銅汁を飲みます。裁かれる人の苦しみを味わうためです。わたしたちも人を裁くのであれば、煮えたぎる銅汁を飲むべきです。

ですが、われわれ人間は煮えたぎる銅汁なんて飲めません。そんなことをすれば死んでしまいます。

そうであれば、わたしたちは人を裁いてはいけないのです。「人を裁くな!」というのが、閻魔大王の教えだと思います。

40 心のうちにある差別

阿弥陀仏は、自分が仏になったときにつくる仏国土を「差別」のない世界にしたいと願われました。すなわち好醜《こうしゅ》（美人と不美人）の差別があってはならないと考えられたのです。阿弥陀仏の願いは全部で四十八ありますが、これは第四の願いです。

そして、そのような願いにもとづいて建立《こんりゅう》された仏国土が極楽世界です。仏国土は仏の国ですから、そこは清浄《しょうじょう》の世界であります。だから「浄土」ともいいます。ともあれ、極楽世界、あるいは極楽浄土は、好醜の差別のない世界です。

わたしは大学院生のときに『無量寿経《むりょうじゅきょう》』の四十八願《しじゅうはちがん》を読みました。そのときに思ったのは、

〈それなら、極楽浄土の人はみんな同じ鋳型《いがた》で作られたブロンズ像のようなものか〉

ということです。同じ姿、形をした人間ばかりがいる極楽世界なんて、ちょっと気味悪いではありませんか。それに、だいいち個性がありません。阿弥陀仏は、なぜこ

のような世界を建立したいと願われたのか、さっぱり分かりませんでした。

しかし、ずっとあとになって、わたしは気づくことができたのです。

じつは、「差別」というものは、対象の側にあるのではありません。対象を見る主体の側にあるのです。

たとえば、わたしたちは雑草と野草を区別します。自分の庭に雑草が生えると、あわてててそれを引き抜きます。けれども、雑草という草があるわけではないのです。同じ草が山野に生えていれば野草ですが、自分の庭に生えるとそれを雑草にしてしまうのです。草そのものには差別がないのに、それを見る人間のほうで勝手な差別をしているのです。

だとすると、美人と不美人の差別も同じですよね。そこにいる女性には差別なんてありません。女性たちの姿や形が違っていても、それは個性です。

ところが、わたしたちが「彼女は美人だ」「あの人は不美人だ」と見るとき、そこに差別があります。つまり、差別はわたしたちの心の中にあるのです。

だから、阿弥陀仏が極楽世界を差別のない世界にしたいと願われたとき、みんなの姿、形を同一にしようと考えられたのではありません。みんなが個性があって輝いています。その個性的に輝いている人を、見ている側の人間が美人／不美人と差別して見る、そのような見方をする人をなくしたいと願われたのです。わたしは、阿弥陀仏の願いは、そのようなものであると信じています。

子どもたちはみんな輝いているのです。その子どもたちに優等生／劣等生のレッテルを貼って差別する、現代の日本の教育制度はまちがっています。阿弥陀仏は現在の日本の状況を見て、きっとがっかりされるに違いありません。

41

「諸法実相」とは……

宮沢賢治（一八九六―一九三三）といえば、誰もがすぐに、

《雨ニモマケズ

風ニモマケズ

雪ニモ夏ノ暑サニモマケヌ

……》

の詩を思い浮かべます。もっとも、この詩は、賢治の死後に遺品のトランクの中にあった手帳に書きつけられていたもので、生活信条として彼はこれを書いたようです。

ところで、フランスのシュールレアリスムの詩を日本に紹介し、昭和の新文学に大きな影響を与えた堀口大学（一八九二―一九八一）に、「自らに」と題する次のような四行詩があります。

《雨の日は雨を愛さう。
風の日は風を好まう。
晴れた日は散歩をしよう。
貧しくば心に富まう》

おもしろいですね。宮沢賢治と堀口大学と、風雨に対する二人の態度はまったく正反対です。

では、どちらがいいのか？　しかし、これは、いい／悪いの問題ではありません。むしろ好き／嫌いの問題です。そして、「おまえはどちらが好きか？」と問われるなら、わたしは大学のほうが好きです。そして、大学のほうが『法華経』の精神に近いと思います。世間一般では、賢治のほうが『法華経』の精神にもとづいていると考えられていますが、わたしはそうは思いません。

というのは、『法華経』が教えているのは、

——諸法実相《しょほうじっそう》——

ということで、これは宇宙のあらゆる事物がそれぞれに存在意義を持っているとい

うことです。

優等生だけが存在意義を持っているのではありません。劣等生も劣等生のままで存在意義があるのです。劣等生がいなければ、優等生が存在できないのです。だとすると、仏は劣等生などいないほうがいいと思われるでしょうか。そんな馬鹿な話はありません。仏は劣等生に対して、「つらいだろうが、どうか劣等生の役割をしてください」と頼んでおられるのです。それが「諸法実相」だと思います。

だとすると、賢治の「雨ニモマケズ」は、雨はいやなものだけれど、まあ、きょうは雨だから仕方がない、がまんしよう、ということです。

それは、本当は優等生のほうがいいのだけれども、劣等生になってしまった。それなら仕方がない。劣等生でもがまんするか。そうなります。

それよりは、劣等生を劣等生のままに肯定しようという「雨の日は雨を愛さう」という大学のほうが、わたしは『法華経』の精神に近いと思います。

でも、こんなことを言えば、賢治ファンから攻撃されそうです。これはあくまでもわたしの独断と偏見だとしてお許しください。

42

サイコロで決める

仏教講演会が終わったあと、聴衆から質問がありました。

「先生、わが家のご先祖様が、江戸時代にはキリシタンであることが分かりました。わたしはいま仏教徒なんですが、ご先祖様に申し訳がないから、仏教徒からキリスト教徒に改宗すべきでしょうか？　それともこのまま仏教徒でいるべきでしょうか？　ご教示ください」

そういう趣旨の質問です。

おもしろい質問ですが、あまり時間がありません。それでわたしは、手っ取り早く結論を先に述べました。

「では、サイコロで決めなさい。サイコロを振って、偶数が出たらキリスト教徒になる。奇数だと仏教徒のままでいる。そのように決めるといいですよ」

会場には爆笑が起きました。これだと、ふざけた答えと勘違いされる心配があります。質問者が、「どうしてですか？」と言えば、わたしは少し説明を加える気でいました。

わたしの考えはこうです。かつて大学教授をしていたとき、多くの学生から進路について相談を受けました。しかし、わたしは、人間は未来について知る能力がないと思っています。だから、未来をどうすればよいか、誰にも分かりません。もしもわれわれが未来について迷うなら、そしてどちらでもいいと思うのであれば、その決定は人間を超えた宇宙意思にまかせるべきです。わたしは仏教者ですから、わたしは未来については仏におまかせします。しかし学生には仏を強制できませんから、宇宙意思と呼びました。その宇宙意思は、サイコロのような偶然によって示されます。わたしは、学生にはそのように説明しました。

そのような説明を、わたしは仏教講演会場の質問者にするつもりでいました。

ところが、驚いたことに、質問者は、わたしの「サイコロで決めなさい」といった言葉だけで納得したのです。

「先生、ありがとうございます。これでわたしの永年のもやもやが晴れました」

感激の面持ちで、彼はそう言ったのです。

びっくりしたのはわたしです。なんだか狐につままれたような気持ちでした。

あとで考えてみて、質問者の考えが推測できました。

彼は、わたしの返答によって、「キリスト教に改宗すべきか、仏教徒のままでいるか」といった問題が、サイコロで決めていいようなつまらぬ問題だということに気づいたのです。別段、わたしが彼に教えたのではありません。彼自身がそれに気づくことができたのです。

そして彼は、自分は仏教徒のままでいようと決心がついたのです。キリスト教徒でいるか、仏教徒でいるか、それが形式だけの問題であればどうだっていいのです。それよりも、自分は実質的な仏教徒になろうと決心したのです。きっとそうだろうと、わたしは推測しています。

43

世間の物差し

南方仏教（いわゆる小乗仏教です）の僧が書かれた本の中に、転職の問題に関するこんなアドヴァイスがありました。人が、いま勤めている会社を辞めようかと迷ったとき、会社の方から「辞めないでほしい」と惜しまれる人であれば、その人は次の会社で成功する。逆に、クビにされそうな人が辞めても、その人はどこに行っても成功しないだろう。そんなアドヴァイスです。

またこの著書（名前は伏せておきます）は、会社選びは「自分が発展できるかどうか」で決めるべきだ。自分が発展し向上すれば、給与は上がる。そんなふうに言っています。

そしてこの著者は、これが「ブッダの教え」であると言うのです。タイトルの一部に「ブッダの教え」とあるからです。

〈馬鹿なことを言うな！〉

それを読んで、わたしは思わず腹を立ててしまいました。これじゃあまるで、有能なサラリーマンには存在価値があるが、無能な人間には存在価値がない、と言っているみたいではありませんか。

存在価値というのは、その人がこの世に生きている「値打ち」であり「意味」です。そして、ある人が別の人にくらべてこの世に生きている意味が大きかったり、小さかったりするわけがありません。少なくとも仏の目で見れば、すべての人の生きる値打ち・意味は同等です。なぜなら『法華経』の中で釈迦は、すべての衆生が、

——仏子《ぶっし》——

であると言っておられるからです。わたしたちはみんな仏の子なんです。すべての人が幸せになるように仏は願っておられます。「おまえなんか、生きている値打ちはない」と、仏が言われるはずは絶対にありません。

南方仏教の僧が言っているのは、人間の有能／無能です。あるいは高収入か／低収入かです。それは人間の存在価値ではありません。それは人間の商品価値であり、世間における物差しです。

そして仏教者は、人間を商品価値・世間の物差しで見てはいけません。金持ちか／貧乏人か、優等生／劣等生、勝ち組／負け組といった世間の物差しで人間を判別し、そして金持ち・勝ち組の人たちを褒めそやし、劣等生や貧乏人を軽蔑するような人は、仏教者とは言えないでしょう。この世の中では、いくら努力しても運が悪くて成功できない人がいます。そういう人々に同情し、「運が悪かったんだね」と一緒に泣いてあげるのが仏教者でしょう。どんな人をも仏子として拝むことのできる人が、じつは仏子です。仏子でなければ、他人を拝むことはできません。仏子でない人は、勝ち組に媚《こ》びへつらい、負け組を嘲《あざけ》るでしょう。

わたしは南方仏教のお坊さんが書かれた本を読んで、〈ああ、この人は仏教者じゃないな〉と思いました。世間の物差しで見ているからです。

44

彼岸に渡れ！

仏教の根本原理は何でしょうか？　わたしは、それは「彼岸性《ひがんせい》」にあると思います。

〝彼岸〟という言葉は、〝此岸《しがん》〟に対するものです。そして此岸は、わたしたちが現実に住んでいる世界です。仏教ではそれを〝娑婆《しゃば》〟と呼びます。仏教は、わたしたちが娑婆を捨てて、

——彼岸に渡れ！——

と教えています。なぜかといえば、わたしたちはこの娑婆世界においては本当の幸福が得られないからです。幸福になるためには、娑婆を捨てて彼岸に渡るよりほかありません。

考えてみてください。われわれが住んでいる日本の社会（すなわち此岸、娑婆）は激烈なる競争社会になっています。競争があれば、そこには必ず勝ち組と負け組が生

じます。全員が勝ち組になるわけにはいきません。

そして負け組は不幸です。勝ち組にくらべて生活のレベルはダウンし、また勝ち組に対する嫉妬心を持って生きねばならないから、幸福感は持てません。

では、勝ち組は幸福でしょうか？　そうではありません。彼は次の競争に参加せねばならず、その競争に負けるのではないかと怯《おび》えて暮らさねばなりません。そのため心の安らぎは得られません。ばかりか、いちど勝ち組になり、そしてそこから転落した者は、猛烈な劣等感を抱くことになります。最初からの負け組よりも、この転落組のほうがかえって不幸かもしれません。

ともかく、いずれにしても競争社会の中では真の幸福は得られないのです。だから、此岸を捨てて彼岸に渡らねばならない。仏教は、「此岸を捨てよ！」と教えています。

でも、「捨てる」といっても、あなたが所有しているすべてを捨ててしまえと言っているのではありません。すべてを捨てることなんて、絶対にできませんよ。

では、何を捨てるかといえば、この世に対する、

——執着——

です。わたしたちはこの世に執着しています。この世の価値観を絶対視しています。その結果、欲望に苛《さいな》まれて、あくせくし、がつがつし、いらいらしながら生きています。

わたしたちは、金持ちになることがいいことだと思っています。それがこの世の価値観です。だが、金持ちになるために失うものが大きくありませんか。のんびり、ゆったりと生きる幸せを失ってしまいます。それに、金持ちになったところで、それで幸せになれるとはかぎりません。むしろ金持ちになったがゆえに、それを失うことを怖れてびくびく生きることになりそうです。

ともあれ、この世の価値観を絶対視しないこと。この世をある意味では馬鹿にすること。それが仏教の教える「彼岸性」なんですよ。

45

「イスラーム」と「南無」

イスラム教の〝イスラーム〟という言葉は、「委ねる」「おまかせする」といった意味です。

もちろん、おまかせするのは神であるアッラーに対してです。アッラーにすべてをまかせる。それが、イスラム教の本質です。

ところで、日常生活において、わたしたちはしばしば、「あなたにおまかせします」と言います。しかし、わたしたちがそのように言う場合は、大抵、自分の希望はあるのだけれども、強引にその希望を押し通すわけにはいかずに、決定を相手に委ねなければならないのです。それで、相手におまかせはしたけれども、心の中では〈こうしてほしい〉〈こうなればいいなあ……〉と思っています。

イスラム教の「イスラーム」も、それと似たところがあります。似ているところは、人間が強引に自分の希望を押し通せないところです。

イスラム教徒になった以上、イスラム教の聖典である『コーラン』の命令に絶対服従せねばなりません。『コーラン』が豚肉を食ってはいけないと命じているのだから、牛肉を買うお金がないから、安い豚肉を食ってもいいでしょう……とはならないのです。自分の希望は言えないのです。

ところが問題は、おまかせをしておいて、心の中で自分の希望を持っていてもよいか／悪いか、です。イスラム教においては、飲酒は禁じられています。だが、われわれ日本人であれば、心の中でついつい、〈酒が飲みたいなあ……。飲ませてくれればいいのに……〉と思ってしまいます。そう思うことが「イスラーム」になるか／ならないか、そこが問題です。

実は、「イスラーム」というのは、おまかせした以上は、いっさい自分の希望を持たないことです。〈酒が飲めればいいのに……〉〈ほんの少しであれば豚肉を食ってもいいだろう〉と、自分の判断や希望を加えると、それは「イスラーム」になりません。人間の判断をいっさい放棄することが「イスラーム」の「イスラーム」たるゆえんです。

そこでわたしは、この「イスラーム」は、仏教の「南無」に相当すると思います。つまり、〝南無〟という言葉は「おまかせします」の意味なんです。したがって、「南無阿弥陀仏」は阿弥陀仏にわたしのすべてをおまかせするのです。「南無妙法蓮華経」は、『妙法蓮華経』(すなわち『法華経』)の教えにすべてをおまかせすることです。

おまかせした以上は、自分の希望を言ってはいけません。金持ちになりたい、長生きしたい、幸福になりたい、そんな希望を持たないのが「南無」です。仮にあなたが貧乏になれば、仏があなたをそのようにされたのだから、あなたはそれに満足すべきですよね。

46

仏教は出世間の教え

仏教講演会の会場で、ときどき質問される問いのうちに、

「会社の同僚に、どうしようもない怠け者がいます。その彼にどんな忠告をしてあげるべきでしょうか？」

といった類のものがあります。いささか腹立たしい質問です。それでわたしは、

「他人のことは、どうだっていいじゃないですか⁉　あなたは、自分の問題を考えればいいのですよ」

とぶっきらぼうに答えて、質問者ばかりでなく、会場の一部の聴衆の反感を買ってしまいます。わたしって、ちょっと馬鹿ですね。

では、なぜわたしが「他人のことはどうだっていい」と考えるのか、その理由を説明しておきます。

まず、仏教というものは、

——出世間《しゅつせけん》の教え——

です。ということは、仏教は世間の問題に直接タッチしません。たとえば、原子力発電所が必要か否か、仏教に解答を求められても困ります。それは政治・経済・社会の問題——すなわち世間の問題——であって、それぞれの専門家が知恵を絞って解答を出し、国民がどの解答を是とするかを判断するのです。世間の問題は、あくまでも世間の利益にもとづいて判断されるべきです。

ですから、会社の中にどうしようもない怠け者がいて、それが会社にとって不利益になるのであれば、会社がその人を首にすればよいのです。仏教はそれについてはいかなる発言もしません。

では、仏教は、「怠け者」についてどう考えているのでしょうか？

じつは、仏教においては、仏がその人を怠け者にしておられるのだ、と考えています。もっとも、この表現はいささか不正確です。怠け者／努力家というのは縁起によってそうなるのです。全員が努力家になることもできないし、全員が怠け者になるわけではありません。努力家がいるから怠け者ができるのだし、怠け者がいるから一部の人が努力家になれるのです。いちいちそういう言い方をするより、そのことを、仏が一部の人を努力家にしておられ、また仏が一部の人を怠け者にしておられると表現したほうが簡単です。それでわたしは、仏がその人を怠け者にしておられると言うのです。

ある人を優等生にされるのも仏であれば、ある人を劣等生にされるのも仏です。だから、仏教においては、怠け者は怠け者でいいと考えます。それが出世間の考え方です。

しかし、世間の人は、怠け者が怠け者であってはいけないと考えます。仏教は、世間の人がそう考えるのに対して、何も言いません。それは世間の問題だからです。ただ仏教者としては、怠け者を非難しようとしないだけです。わたしはそのことを言いたいのです。

47

影から逃げる

中国古典の『荘子《そうじ》』（雑篇）に、自分の影をこわがり、自分の足跡を嫌った男の話があります。

そこでその男は、走って逃げ出す。だが、いくら逃げても影はどこまでもしつこく追いかけて来ます。

男はそれを、自分の走り方が遅いせいだと思い、ますます疾走し、そしてついに力が尽きて死んでしまいました。

では、男はどうすればよかったのでしょうか？『荘子』はこう言っています。

《日陰《ひかげ》に入って影を消し、じっと立ちどまって足跡を作らずにいることを知らなかったのだ。馬鹿かげんもひどいものだね》（金谷治訳・岩波文庫）

大きな影の中に入って動かなければ、影も追いかけては来ませんし、足跡もつきません。そういうやり方がいちばんいいと『荘子』は言うのです。

さて、『荘子』のこの話から、わたしは禅籍『碧巌録《へきがんろく》』（第四十三則）にある、有名な、

——洞山無寒暑《とうざんむかんしょ》——

の公案を思い出しました。洞山というのは、中国・唐代の禅僧の洞山良价《とうざんりょうかい》（八〇七—八六九）です。

洞山のところに、一人の僧がやって来て質問します。

「寒暑到来、如何《いかん》が廻避せん」（寒くなってきたとき、暑くなったとき、どうしたら寒さ、暑さから逃れられますか？）

それに対する洞山の答えは、

「無寒暑の処に行けばよい」

でした。じゃあ、無寒暑の処（寒さ・暑さのない処）とは、どういう場所ですか？

それに対する洞山の答えは、

「寒いときは、おまえさんを寒殺し、暑いときは、おまえさんを熱殺せよ」

でした。〝寒殺〟〝熱殺〟なんて、ちょっとおっかない言葉が使われていますが、寒

いときは寒さそのものになりきれ、暑いときは暑さそのものになりきれ、といった意味でしょう。

冬のスキーや夏の海水浴は、わたしたちの寒さや暑さをちっとも苦にせず、むしろ寒さ・暑さを楽しんでいます。それがなりきることだと思います。

そうすると、これは『荘子』の言っていることと同じです。影から逃げるのではなく、大きな影の中に入るのです。つまり、影そのものになりきればいいのですね。

現代日本人は貧乏を苦にし、貧乏から逃げよう、逃げようとしています。でも逃げれば逃げるほど、貧乏は追いかけて来るのです。絶対に逃げきることはできません。

それよりは、貧乏そのもののうちにどっぷり浸かってしまえばいいじゃないか。貧乏になりきってしまって、むしろ貧乏を楽しめばいいじゃないか。というのが、『荘子』や洞山良价の言いたかったことではないでしょうか。

わたしはそのように考えています。

48

お地蔵さんか観音さまか

「わたしの村に無縁仏の墓がありまして、このたびそれを整理してお堂をつくることになりました。ところが、そのお堂を観音《かんのん》堂にするか、地蔵《じぞう》堂にするか、村人の意見が二つに分かれてなかなか決まりません。先生は、どちらがいいと思われますか？」

だいぶ昔の話ですが、仏教講演会において、わたしはそのような質問を受けました。

なかなかおもしろい質問です。

しかし、わたしは、その質問に対する回答を拒みました。

理由の一つは、わたしは村人ではないからです。それは村人の問題であって、村人が決めるべき問題です。外野の意見を聞く必要はありません。

それから、もう一つの理由があります。それは、お地蔵さんがいいか、観音さまがいいか、人間が自分の好みで決めてはいけないのです。どちらがいいかを決めることは、まるで美人コンクールです。人間が審査員になって、お地蔵さんと観音さまの優劣を判定することになります。まさに不遜なる態度と言わねばなりません。そんなことは、してはならないことです。

このことは、じつは村人に対しても言えることです。

もしも村人たちが、お地蔵さんがいいか観音さまがいいか、多数決でもって決めようとするならば、村人たちは審査員になっているのです。それはやはり不遜な態度です。

では、どうすればよいでしょうか？

人間が決めるのではなく、お地蔵さんと観音さまに決めていただくのです。

「わたしたちの村に、お地蔵さんか観音さまのいずれかがお出ましになってくださ い」

と頼みます。そうするとお地蔵さんと観音さまが話し合われるでしょう。

しかし、お二人がともに「自分が行きたい」と主張されるはずです。なぜなら、いずれもが衆生済度を願っておられるからです。したがって、話し合いはなかなか結論がでません。

そこで最終的には、お二人がジャンケンをして決められるだろうと思います。

いや、大昔から、あちこちの村からの招請がありましたもので、ほとけさまの世界では誰が行くか、ジャンケンで決める慣行ができていると思います。お地蔵さんか観音さまか、それとも閻魔《えんま》さんのいずれか一人ということになれば、三人でジャンケンをされるだろうと思われます。

そのジャンケンに相当するのが、人間の世界ではサイコロになるでしょう。だからわたしは、質問者にこう教えました。

「村人から二人の代表を選んで、一個ずつサイコロを振ります。そして、偶数なら地蔵堂、奇数なら観音堂を建立されるとよいでしょう」

それが、ほとけさまにおまかせする方法なんですよ。

49

「南無」の意味

会社の人事に関して、ときに上司から「きみの処遇については、わたしにまかせてくれないか」

と言われることがあります。部下にすれば「いやです」とは言えませんから、「はい、おまかせします」と言わざるを得ません。

逆に上司が部下に「きみにこの仕事をまかせる」と言うこともあります。ところで、問題は、いずれの場合もそうなんですが、まかせた結果が自分の気に入らなかったときです。そのとき、たいていの人が、

「わたしはあの上司（あるいはあの部下）を信じていたのに、彼はわたしを裏切った」と思うでしょう。つまり、相手が自分の期待に反する行動をしたとき、それを「裏切り」と受け取るのです。

だが、そういうのはおかしいと思いませんか。少なくともそれは、相手を信じたわ

けではないし、また相手にまかせたことになりません。あくまでも自分の欲望・願望が優先されているのです。

*

じつをいえば、わたしは仏教のことを考えています。仏教では〝南無〟という言葉があります。「南無阿弥陀仏」「南無妙法蓮華経」「南無釈迦牟尼仏」といったふうに使われる言葉です。

この〝南無〟という語は、「信じます」「おまかせします」といった意味です。「南無阿弥陀仏」は、阿弥陀仏を信じ、阿弥陀仏におまかせすることです。「南無妙法蓮華経」は、『妙法蓮華経』(すなわち『法華経』)を信じ、その『法華経』の教えにおまかせすることです。

たとえばあなたが病気になりますね。そして、あなたは「南無阿弥陀仏」を称え、すべてを阿弥陀仏におまかせします。

ところが、あなたの病気は治りません。かえって重くなります。そのとき、あなたはどう思いますか?　もしもあなたが、

〈わたしは阿弥陀仏におまかせしたのに、阿弥陀仏はわたしの願いを聞いてくれなかった。わたしは阿弥陀仏に裏切られた〉

と思ったとしたら、あなたは阿弥陀仏を本当に信じたとはいえません。あなたは阿弥陀仏を、自分の都合通りに動いてくれる手下として利用したかっただけです。

もちろん、そういうのを本当の信仰とは言えないことは、お分かりになっていますね。

わたしたちが「南無阿弥陀仏」「南無妙法蓮華経」をお唱えするときには、

――いかなる結果になろうと、わたしは文句を言いません。与えられた結果を最善のものとして受け取らせていただきます――

といった覚悟が必要です。その覚悟なしに念仏や題目を唱えている人は、念仏や題目を呪術的な呪文と思っている人です。

あなたは、そのような勘違いをしていませんよね。

50

仏に対する祈願

キリスト教の『新約聖書』に、

《祈り求めるものはすべて既に得られたと信じなさい》（『マルコによる福音書』一一）

といった言葉があります。これはイエスの言葉です。

これを読むと、たいていの人は〈おかしい〉と思います。なぜなら、わたしたちは得られていないから祈り求めるのです。お金がないから、お金をくださいと祈り、病気が治らないから、治してくださいと祈るのです。それなのに、お金がすでに得られている、病気がすでに治っていると信じなさいと言っているのだから、おかしいと思って当然ですよね。

じつは、この言葉を正しく理解するためには、もう一つのイエスの言葉を知っておかねばなりません。それは、

《あなたがたの父は、願う前から、あなたがたに必要なものをご存じなのだ》（『マタイによる福音書』六）

です。あなたがたの父というのは、神のことです。神は、われわれに何が必要なのかをちゃんと知っておられます。

もしもわれわれに本当にお金が必要であれば、神は、お金を授けてくださるはずです。だから、わたしたちが口に出して祈る前に、すでに神はわたしたちの祈りをかなえてくださっているはずです。というのが、「すでに」といった言葉の意味です。そう解釈すればよいと思います。

そして、このことは、仏教においても同じであると思います。

仏は、すべての人を幸福にしたいと願っておられるのです。それ故、わたしたちが仏に願いごとをする前に、すでに仏は、わたしたちを幸せにしてやろうと、あれこれのことをしてくださっているのです。

だから、わたしたちは仏に願いごとをする前に、その願いごとは仏がすでにかなえてくださっている。わたしたちはそのように信じなければなりません。それが信じられない人は、真の仏教徒とは言えないとわたしは思います。

でもわたしたちはなかなかそのように信じられないでしょう。わたしたちはついつい、

〈わたしがこのように祈願しているのに、なぜ仏はわたしの願いを聞いてくださらないのか⁉〉

と、仏を怨《うら》めしく思うことがあるのではないでしょうか。

そんな場合は、このように考えればよいと思います。たとえば、お金をくださいと祈っても、いっこうにお金が与えられないときです。

そのときは、わたしが金持ちになれば、きっとそのお金のためにわたしが大きな失敗をし、かえって不幸になる。だから、仏はわたしに「あなたは貧しいままでいたほうが幸せなんだよ」と言ってくださっているのだ、と。そのように思えば、仏を怨めしく思うこともなくなると、わたしは考えています。

51

お浄土での和解

遺産相続で兄弟が不仲になった人の話を聞きました。彼は長男ですが、郷里を離れて東京にいます。母親と同居していた弟が家屋を相続しました。そこで、母親の遺した貯金のほうは三等分して、彼の取り分のほうは妹にやったのです。すなわち彼は、自分の相続権を放棄したわけです。

ところが、家屋を相続した弟は、それが不満だというのです。もともと家は自分のものだと認識していた。それなのに、親の面倒を見た自分の相続分が、なぜ親の面倒を見なかった妹の半分になるのか!? 兄のやり方はあまりにもひどい。そういうクレームでした。

まあ、その問題は、よく見られる遺産相続の争いで、どうでもいいでしょう。じつは、わたしがここで書きたいのは、数人の仲間に向かって彼がもらした言葉です。

「もう弟と和解することはできなくなった。相続の問題を一応処理したとしても、お互いの心の中に不信感というか、わだかまりができてしまった。いくら話し合っても、これを解消することはできない。いや、話し合えば、ますます感情がこじれるだけだと思う……」

淋しそうな表情で彼はそう語ったあと、次のように続けました。

「でもね、ぼくたちはもう七十歳を越えた人間だ。もうすぐお浄土に往くよね。そうすると、きっとお浄土において、みんなで和解できると思う。笑いあいながら、みんなで赦《ゆる》し合うことができる。ぼくはそう思っているんだ」

わたしは、彼のその言葉に打たれました。すばらしい考え方だと思ったのです。

ところが、仲間の一人がこう言いました。

「和歌山くん、きみは本当にお浄土があると信じているのか!?」

「いや、実際に極楽浄土といった土地があると思っているわけではないよ」と、彼は答えました。「でも、この世で反目した兄弟が、死んだあともなおも対立し続けるだなんて考えたくない。それよりは、死後にお浄土に往って、そこで再び仲良く暮らせると考えたほうが楽しい。ぼくはそういう意味でお浄土が存在していると考えたいのだよ」

質問した者は、和歌山の答えにいささか不満なようでした。

けれども、わたしからすれば、和歌山の考え方はとてもすばらしいものです。

この世における人間関係はとても複雑です。どちらが悪いのでもないのに、ほんのちょっとしたことでもって対立し、反目することがあります。そしてそれを解消しようとすればするほど、ますますひどい状態になることが多いのです。そこでこの世における解決をあきらめ、お浄土に往ってからの和解を考えるのも、一つのやり方です。わたしは、それが、心の中にお浄土を持つことだと思います。

52

「明らめ」とは何か？

「明らめ」とは何か？

「あきらめる」ことは、断念することだと多くの人が思っています。

たとえば、交通事故で片腕を失った人がいます。その人の手は二度と生えてきません。「だから、あきらめなさい」と言うとき、そのあきらめは断念することです。それはそれで、まちがいではありません。

けれども、仏教が教える「あきらめ」は、それとはちょっと違います。

仏教が教えているのは「明らめ」です。真実、事実を明らかにしなさい、ということです。

しかし、真実、事実というものは、そう簡単に明らかになるものではありません。

たとえば、いま、あなたは人間関係のトラブルに悩んでいるとします。なぜ、そんなことになったのか、必ず何か原因があったはずです。けれども、あなたがその原因を探ろうとすると、人間というものは物事を自分の都合のいいように解釈します。

その結果、たいていの場合、

〈わたしはちょっとも悪くない。こういうことになったのは、彼が悪いからだ〉

と考えるようになります。でも、それは「明らめ」ではありません。相手も同様に、〈こんなことになったのは、あいつが悪いからだ〉と考えていますから、いっこうに物事は解決しません。仲直りができないのです。

では、あなたは、

〈わたしが悪かったのだ〉

と考えるべきでしょうか。年寄りはよく訳知り顔で、

「何事も、自分が悪かったと思いなさい」といった忠告をしますが、それじゃあ解決になりません。本当に自分が悪いと思っていませんから、感情的なしこりが残ります。だから、また仲が悪くなります。

ということは、〈わたしが悪かったのだ〉と思うことは「明らめ」ではないのです。

では、どうすれば「明らめ」ができるでしょうか？　わたしは、

——分からないことが、分からないことだと分かることが「明らめ」だ——と思っています。なぜなのかは分からない。その「分からない」ということが分かれば、それが「明らめ」なんです。

だから、不和になった人と、無理に会う必要はありません。会わずにすむのであれば、会わないでいいのです。

だが、どうしても会う必要のある人であれば、その人と会ったとき、その出会いをこだわりなく、さらりと会うのです。

過去のことを「忘れろ」と言っているのではありません。過去は過去として、一時的に棚上げにして、まるで初めて会った人のように振る舞うのです。〈この人と再びいい関係を築きたい〉と思ってはいけません。

そんなことを考えると、過去のことが思い出されます。ただ「さらりと会う」ことだけを考えればいいのです。

53

人間はみな阿呆

宗教の話をするとき、いつも困らされるのは、日本人に宗教と道徳の違いがまったく分かっていないことです。

そもそも道徳とは何か？　口の悪いわたしに言わせれば、道徳は強者が弱者を痛めつける際に利用する道具です。

たとえば、「嘘をつくな！」という道徳がありますが、嘘をついて罰せられるのは弱者である民衆だけで、権力者が嘘をついても罰せられません。会社において遅刻して叱られるのは平社員で、社長や重役はお咎めなしです。

考えてみれば、いかなる社会も現在のその体制を護持するのが至上命題です。その体制を維持するために使われるのが道徳です。それ故、道徳を必要とするのは、その社会にあって甘い汁を吸っている人たちです。

現代の日本社会は無宗教だと言われています。たしかに、無宗教は無宗教なんですが、甘い汁を吸っている人たちが言う「無宗教」は、弱者を痛めつける道具である道徳がなくなったことであって、それが彼らには「困ったこと」であるのです。

そういう意味での無宗教――すなわち無道徳――であれば、わたしはむしろ歓迎すべきことだと思います。

では、宗教、それも真の宗教とは何でしょうか？

宗教の定義は多種多様で、極端に言えば宗教学者の数だけ宗教の定義があります。で、わたしの定義は、

――宗教というものは、人間は不完全だと教えるものだ――

です。キリスト教の神、仏教の仏は完全であり、また無謬《むびゅう》の存在です。それに対して人間は、不完全なる存在であり、まちがいばかりする存在です。

もっとも、神道のカミは、そんな完全・無謬の存在ではありません。日本のカミガミはよくまちがいをしでかします。神道の場合は、カミですらまちがいをするのだから、人間がまちがいをするのはあたりまえ、ということになります。したがって、日本の神道もまた、人間は不完全な存在だと教えています。

要するに、すべての宗教は、人間は不完全で、まちがいばかりするものだと教えているのです。これを大阪弁でいえば、

「人間はみな阿呆や」

になります。わたしも阿呆であんたも阿呆。阿呆と阿呆が互いに赦《ゆる》し合って、また助け合って生きているのがこの世の中です。

わたしもまちがいをしでかすのだから、あなたもまちがいをして当然です。だから、他人のまちがいを糾弾《きゅうだん》せず、少しぐらいの迷惑はお互いに耐え忍んで生きるのがこの世の生き方です。真の宗教は、そのことを教えています。

いま、無宗教の日本で困ることは、この「阿呆の認識」がないことです。みんな自分が賢く完全だと思っているから、世の中がギスギスしています。なんとかならないでしょうか……。

54

他力の信仰

他力の信心を確立した念仏者に、妙好人《みようこうにん》と呼ばれる人がいます。あまり学問もない人が多いのですが、その信仰は本物です。

そのうちの一人に、因幡《いなば》の源佐《げんざ》さんがいます。

彼は菩提寺で説教師さんのお説教を聴いていました。説教師さんは、

「このなかで、自分は来世は地獄に堕《お》ちると思っている人はいますか？　いれば手をあげてごらん」

と聴衆に言います。すると源佐さんがすぐに、「はい」と手をあげました。源佐さんただ一人でした。

次に、説教師さんが、

「では、自分は極楽浄土へ往けると思っている人は、手をあげてごらん」

と言います。すると源佐さんがすぐに、「はい」と手をあげます。ほかに手をあげ

た人はいません。

「あなたは、いったい、どちらに行くのですか？　地獄ですか？　極楽ですか？」

そのような説教師さんの問いに、源佐さんはこう答えました。

「地獄に堕ちるのはわたしの役目。それを救うのが弥陀《みだ》の役目じゃ」

＊

鈴木大拙（一八七〇―一九六六）といえば禅の人ですが、その彼に『妙好人』と題する著書があります。その中で、次のような妙好人どうしの対談が紹介されていました。

《「御浄土にさのみ用事はなけれども、救はせ呉れよの御親なら、お互に参つて上げようぢやないかえ、御同行」

「御浄土参りの同行なら真平御免。地獄行なら同心しよう」

「嫌《いや》でも自性なら、出た巣に帰るは当然ぢやが、弥陀が邪魔して行かして呉れぬで困るのよ」》

一人は聾唖《ろうあ》者なもので、対談は筆談で行われました。「お浄土に別段用事はないけれども、ひとつ一緒に往きませんか」と一人が誘えば、相手は「お浄土へならお断りする。地獄へならおともしよう」と答えています。

ちょっとひねくれた言葉ですが、彼は自分の極楽往生を確信していますから、逆に地獄へならば二人で見学に行くのもおもしろいと言っているのです。

すると、誘ったほうは、「自分は地獄の人間だから、地獄に帰るのが当然である。阿弥陀仏が邪魔をして、自分を地獄に行かしてくれぬ」と応じています。おもしろい問答です。

＊

わたしたちは、自分の力でもってしては、とてもお浄土へ往くことはできません。悪いことばかりしている人間だからです。

そのわたしをお浄土に迎えてくださるのが阿弥陀仏です。わたしたちは阿弥陀仏の力によってお浄土に往けるのです。

それが他力の信仰なんですね。

55

地獄の心、菩薩の心

『地蔵菩薩本願経《じぞうぼさつほんがんきょう》』にこんな話があります。

仏道修行に励んでいた女子がいました。彼女の母が死んで、その母は地獄に堕《お》ちました。そこで彼女は母を救うために、あわてて地獄に行きます。

だが、地獄の門番は、彼女を中に入れてくれません。

「あなたは修行をして、きれいになりすぎているから、地獄の中には入れない」

と言うのです。「でも、母が心配です」と彼女が言うと、門番は、

「大丈夫だよ。あなたの修行の功徳によって、お母さんはもうここにはいないから」

と言ってくれました。

この話はわれわれに、天台教学で言う、

――「性具説《しょうぐせつ》」あるいは「性悪説《しょうあくせつ》」――

を教えてくれます。わたしたちは、仏といった存在は完全無缺《むけつ》であって、いかなる

欠点もなく、ましてや悪なんてない、善そのものだと思っています。

でも、かりに仏がそうだとすれば、仏は地獄に入れません。地獄に入れないということは、地獄の住人を救えないのです。

そして、よく考えてください。地獄とは、死んだあとで行く世界でしょうか？ なるほど、地獄も極楽も、死後の世界であることにまちがいはありません。

けれども、わたしたちが生きているこの現代日本が地獄でないとはいえませんね。大企業の繁栄の裏で、苦しみに苦しんでいる大勢の貧しい人々がいます。

彼らは地獄の苦しみを味わっているのです。仏が地獄の世界からシャット・アウトされれば、仏は現代日本人を救えないことになります。

それでは困ります。

そこで、仏の中にも悪があるという考え方が出てきます。それが性悪説・性具説なんです。

すなわち、仏の中に、地獄・餓鬼・畜生の心が具わっているのです。だからこそ、仏は地獄や餓鬼を救えるのです。

でも、地獄や餓鬼の心が具わっていますが、仏はご自分のためにそれを使われることはありません。ただ具えておられるだけなんです。

そしてわたしたち人間も、地獄や餓鬼・畜生の心を具えています。だから、われわれは怒りや貪欲や愚かさを発揮するわけです。

けれども、反対に、わたしたちの人間のうちにも、仏の心があり、菩薩の慈悲の心が具わっています。だから、どんな人も、ある瞬間においては、やさしい慈悲の心を発揮できるのです。

問題は、そのやさしさが長く続かないことです。すぐにかっとなって怒り、欲望だらけになってしまいます。

したがってわたしたちは、地獄の心をできるだけ短くし、菩薩の慈悲の心をできるだけ長続きさせるようにすべきです。

それが凡夫の生き方だと思います。

56

「南無」の心

わたしは子どものころ、祖母から、

「ほとけさまを拝むときに、お願いごとをしてはいけない。〝ありがとうございました〟と言って拝むように」

と教えられました。その後、仏教を勉強するようになってから、わたしは祖母の教えを自身の言葉で命名して、

——請求書の祈りをするな！　領収書の祈りをせよ！——

と言っています。仏にお願いごとをするのが請求書の祈りで、感謝の祈りが領収証の祈りです。

では、なぜ請求書の祈りがよくないのでしょうか？　幼時に祖母にそのように尋ねても、祖母は、

「知らん」

と言って教えてくれませんでした。祖母は明治時代の学問もない女性ですから、理屈は知りません。ただ、自分も祖父母や両親から教わったことを、孫に教えてくれたのです。

しかし、考えてみると、祖母の教えは正しいですね。たとえば、われわれが仏に大学受験に合格させてください、と願います。請求書を発行するのです。その背後には、大学に合格すれば幸福になれるといった思い込みがあります。だが、大学に現役で合格したものの、あまり実力がなくて入学後に中途退学せざるを得ない者もいます。それであれば一年浪人して、実力を身につけてから入学したほうがいいのです。

あるいは、入学して、相性の悪い同級生にいじめられて自殺する青年もいます。一年浪人して入学すれば、すばらしい恋人に出会ったかもしれません。合格したほうが幸福か／不合格になったほうが幸福か、それは分からないことです。

病気になって、病気を治してくださいと請求書を発行します。ところが、病気が治って健康になり、それで浮気をして家庭を滅茶滅茶にする人もないではありません。病気が治ることがいいことか／悪いことか、そう簡単には決まりません。

だとすると、わたしたちは請求書を発行せずに、すべてを仏におまかせすべきです。その「おまかせします」の言葉が、仏教語の、

——南無——

です。つまり、阿弥陀仏にすべてをおまかせしますというのが「南無阿弥陀仏」、釈迦仏におまかせするのが「南無釈迦牟尼仏」、『法華経』の教えにおまかせするのが「南無妙法蓮華経」です。

おまかせした以上は、どういう結果になろうと、文句を言ってはいけません。与えられたものが何であれ、それを「ありがとうございました」と受け取るべきです。それが領収証の祈りです。

したがって、「南無」というのは、仏に請求書を突き付けるのではなく、領収証を発行することです。わたしは、祖母から「南無の心」を教わったのだと思っています。

57

殺されてよいのか⁉

人を殺してなぜ悪いのか？　ときどき、そのような質問をされる人がおいでになります。殺人といった極端な話ではなしに、不倫がなぜ悪い？　嘘をつくのがなぜ悪いか？　そのような問いが発せられます。

そのような質問が出てくる背後には、不倫をしている人はあまりにも多いし、嘘をつかない人はいないといってよいほど、ほとんどの人が多かれ少なかれ嘘をついているといった現実があります。ばれさえしなければ、嘘をついても不倫をやってもいいだろう。というのが世間の常識になっています。

殺人に関しても、現在の日本の法律は死刑を存続させています。死刑は人を殺すことです。また、戦争において敵兵を殺すことも、明らかに人を殺すことです。そのような「殺人」を容認しておいて、一方で「人を殺してはいけない」と言っている。まさに矛盾です。だから若い人から、「なぜ人を殺してはいけないのか？」といった疑問が発せられるのです。それにまともに答えられるおとなはいますか？　そんなの分かりきったことだと答える人は、なぜ死刑廃止の運動をやらないのですか？　また、戦争放棄の憲法を改悪しようとする政治家どもに反対しないのですか？

まあ、それはともかく、この問題を仏教的に考えてみましょう。

仏教的に考えれば、わたしは、問題の問い方を逆にすべきだと思います。すなわち、「なぜ嘘をついてはいけないのか？」と考えるのではなしに、「あなたは、他人に嘘をつかれてうれしいですか？」と問うべきです。「人を殺してなぜ悪いか？」と問うのではなく、「あなたは他人から殺されたいですか？」と考えるのです。そうすると、おのずから答えが出てくるでしょう。

じつは、古代インドのコーサラ国の波斯匿王《はしのくおう》は、妃《きさき》の末利夫人《まりぶにん》と話し合って、

「自分自身よりも愛《いと》しい人は、この世に誰もいない」

という結論に達しました。誰もが自分をいちばん大事だと思っている、ということになったのです。でも、そういう考えでいいのだろうか、それはエゴイズムではないのかと波斯匿王は心配になり、釈迦世尊を訪ねて行き、教えを請いました。

すると、釈迦世尊は、「王よ、それでいいのだよ」と答え、次のように言われました。
《人は、おのれより愛しいものを見いだすことはできぬ。それと同じく、他の人々にも、自己はこの上もなく愛しい。されば、おのれの愛しいことを知る者は、他の者を害してはならぬ》(『サンユッタ・ニカーヤ』三・八)
自分が殺されたくないと思っているように、他人もまた殺されたくないのです。だから、わたしたちは他人を殺してはいけないのです。それが釈迦世尊の教えです。
死刑制度を支持する人は、自分は殺されてもよいと思っているのですか……!?

58

マングローブの林

滋賀県の浄土真宗の僧侶の丁野《ようの》恵鏡《えきょう》師から一冊の本を送っていただきました。師は幼児教育の専門家で、本は『照育のひろば』（探究社）と題されています。その中で師は、石垣島のマングローブ林について興味深い話を紹介されています。

マングローブ林は紅樹林とも呼ばれ、熱帯や亜熱帯の遠浅で泥深い海岸や河口などに発達する林、あるいはジャングルです。潮の干満の影響を受ける所に出来る林ですから、耐塩性の強い植物でなければなりません。いろんな植物がありますが、石垣島のそれはヒルギの林です。ちょうど満潮の時、丁野師は船に乗って川をさかのぼりました。船の船長は、ヒルギについて観光客にこう説明しました。

「みなさん、見てください。ヒルギのうちには、ところどころに茶色い葉が見えるでしょう。ヒルギは本来、陸の植物でした。ところが、長い歳月を経て、この植物は水辺におりて来ました。もともと淡水で育つ木なんですが、満潮時には川の上流まで海水が上がって来ます。でも、ヒルギは塩分が嫌いです。そこでどうするかといえば、一枚の葉っぱにみんなの塩分を集めるのです。するとあのように、一本の木に一枚だけ茶色くなった葉っぱが出来ます。そして、やがて塩分をいっぱいためて、川に落ちて行くのです」

丁野師は船長のその説明に、胸を打たれたと言っておられます。

《私は説明を聞きながら、ハッとしました。もし一枚の葉っぱがみんなの塩分を引き受けなかったら、ヒルギは全体が塩分を吸って枯れてしまったでしょう。水辺では群生できなかったはずです。

一枚の葉っぱがみんなの苦しみや痛みを一身に引き受け、やがて自らは朽ち果てていく。それは仏さまの大悲のこころでもあります》

わたしも、丁野師の感想に同感です。

この世の中は「ご縁の世界」です。ご縁の世界においては、誰かが得をすれば誰かが損をせねばなりません。誰かが優等生になれば誰かが劣等性になるのです。全員が優等生になれない。みんなが勝ち組になれないのです。必ず負け組になる人がいます。

誰が負け組の役割をするのでしょうか？　ヒルギの中で、みんなの塩分を一身に引き受ける葉っぱが、どのようにして、決まるのでしょうか？

われわれ現代日本人は「自己責任」と言っています。本人が努力しないから負け組になったのだと見るのです。そして、自己責任だから自分一人で苦しめばよいと言います。

でも、仏はそのような見方をされないでしょう。

「あなたはみんなの苦しみを引き受けているのだね。ありがとう」。きっと仏はその人にそう言われるでしょう。わたしは、それが仏の慈悲だと思っています。

59

真実の言葉

マーガンディヤーという名の絶世の美女がいました。両親は彼女を溺愛し、あちこちから来る縁談をすべて断わります。いわゆる箱入り娘として大切に育てていたのです。

ところがある日、マーガンディヤーの父親が釈迦世尊に会いました。父親は世尊を一目見たとたん、

〈この男こそ娘の婿にふさわしい人物だ〉

と思います。そこで世尊を家に招待し、娘のいる前で、

「どうか還俗《げんぞく》して、娘の婿になってほしい」

と要請しました。しかし、釈迦世尊は、あまりにも娘に執着している両親を救うべく、その申し出を拒絶し、こう言われました。

「わたしはかつて天女に誘惑されたこともある。その天女の誘惑にも負けなかった人

間だ。わたしは、大小便の詰め込まれたこんな女の足にさえ触れようとは思わぬ」

じつは古代のインド人は、天女には不浄の液体がいっさいないと信じていました。すなわち天女には、鼻汁だとか膿《うみ》、汗、そして大小便がないのです。そのような清潔な天女の誘惑にも屈しなかった自分が、不浄の液体を持った人間の女性に魅力を感じるはずがないと、釈迦世尊は言われたのです。

そして、いくら美貌の娘でも、いつかその容色は衰えます。美貌に執着していれば、それが衰えたとき悲しまねばなりません。いや、愛する者との別離は必ずあるのです。娘が先に死ぬか、両親が先に死ぬか、それは分かりません。しかし、死は必ずやって来ます。愛すれば愛するほど、その別離は悲しい。愛に執着することの危険を、世尊は諄々《じゅんじゅん》と説かれました。その世尊の説法を聞いて、マーガンディヤーの両親は目覚め、娘を弟に託して出家して釈迦の弟子となりました。

それはそれでよかった。けれども、娘のマーガンディヤーは釈迦の言葉に傷つき、深く釈迦を怨《うら》んでいます。両親は釈迦によって救われましたが、娘のほうは救われなかったのです。

それにしても、釈迦世尊の言葉——大小便の詰め込まれた女——は、ちょっとひどいですね。何もそこまで言わないでも良いではないか、とわれわれは思います。

だが、その冷酷なる真実を言わなければ、逆に両親のほうが救われなかったかもしれません。言葉をオブラートに包んでいては、わたしたちはなかなか真実に目覚めません。そして、真実というものは、本質的に冷酷なものです。たとえば、末期がんの患者に、

「あなたはもうすぐ死ぬよ」

と言うのは冷酷です。だから、わたしたちは言葉を濁してしまうのです。

釈迦世尊は、いつだって真実を語っておられます。その冷酷なる言葉によって傷つく者がいても、世尊は言葉を濁されません。つまり世尊は、真実の言葉によって救われる人を救われたのです。わたしはそう思います。

60

自己責任ではない

釈迦世尊が出家される前、まだシッダールタ太子であったときの話です。太子は農耕祭に臨席していました。農夫が牛にひかせた犂《すき》でもって、畑を掘り返します。すると、土の中から一匹の虫が出て来ました。次にその虫を、小鳥が啄《ついば》みます。おそらく雛《ひな》に餌を与えるためでしょう。小鳥は虫をくわえて空を飛んでいきます。

だが、小鳥は遠くにまで飛べません。なぜなら猛禽《もうきん》がやって来て、小鳥を爪にはさんで悠々と大空を飛んで行ったからです。

農耕祭に出席していた人々は、「わぁーっ」と喚声を上げました。しかし、シッダールタ太子は、

「むごい！　うとましいことだ」

と呟《つぶや》きつつ、その場を去って林に行き、大樹の下で坐禅をされたといいます。仏伝

文学は、これを釈迦世尊の初めての坐禅と伝えています。

虫を小鳥が啄み、その小鳥を猛禽が捕食する。これこそ、まさに、

――弱肉強食の原理――

です。人々はその弱肉強食の光景をまのあたりにして何とも思わなかったのですが、シッダールタ太子はそこに「地獄」を見たのです。そして心を痛めました。

ひるがえって、現代日本の社会では、すさまじいまでに、

――競争原理――

が支配しています。競争は勝者と敗者をつくりだします。そして、勝者はほくそ笑み、敗者は泣きの涙で暮らさねばなりません。

わたしが現代日本を「恐ろしい社会」だと思うのは、勝者のうちにこの日本を、

「むごい！　うとましいことだ。まちがっている！」

と思う人がほとんどいないことです。現代日本の勝ち組は、弱者である負け組の人たちに対して、

「彼らは怠けて努力しなかったのだから、貧しいのは当然だ。彼らの自己責任であ

る」

と、突き放して考えています。政治家も財界人も一緒になって「自己責任」を言っています。その結果、現代の日本は「地獄」になっていると思います。日本人の心はすさんでいます。

仏教は「自己責任」なんてことは言いません。仏教の教えは縁起であって、これは相互依存関係です。勝者がいるから敗者がいるのであり、金持ちがいるから貧乏な人がいるのです。だって、全員が勝者になり、すべての人が金持ちにはなれませんよね。

ということは、金持ちは貧乏人のおかげで金持ちになれたのです。それ故、金持ちは、貧しい人に対して、〈すみません〉〈申し訳ありません〉といった気持ちを持つべきです。

金持ちがそういう気持ちを持ったとき、この地獄の世界が少しでも住みよくなるのではないでしょうか……。

61 犬猫の極楽往生

「犬や猫もお浄土に往生できますか？」

浄土宗の僧侶からそんな質問を受けました。仏教教学においては、極楽浄土には地獄・餓鬼・畜生の三悪趣《さんあくしゅ》（三つの苦悩の世界）がないとされています。したがって、教学的には極楽浄土には畜生がいないのです。そのことは、質問者はよく知っています。しかし、最近の日本人はペットをかわいがります。ペットの葬式や、四十九日の法要、一周忌、三回忌までやるそうです。そういう人々から、

「このペットと、再びお浄土で会うことができるのでしょうか？」

と尋ねられたとき、にべもなく「会えない」とは答えられない。「会えるよ」と言ってあげたい。だから、「会える」と答えていいか。そういう意味の質問でした。

あまり時間がなかったもので、わたしは彼に、そのときは、

――相手に迎合して仏教の教えを説いてはいけない――

とだけ答えておきました。過去の日本の仏教教団は国家権力に迎合して、敵兵を殺すことが仏教徒の義務だと説きました。権力に迎合するのも、檀信徒に迎合するのも、同じことです。誰かに迎合して教えを説けば、仏教は歪められてしまいます。わたしはそれが心配です。迎合してはならないと思います。

では、ペットと再びお浄土で会うことができますかと問われたとき、どう答えればよいでしょうか……？

わたしであれば、

「もちろん、会うことができますよ」

と答えます。そして、二、三秒、間を置いて、

「でもね、あなたは同時に、野良犬や野良猫、蠅《はえ》や蚊《か》、ゴキブリにも会いますよ」

と付け加えます。

これが仏教の考え方だと思います。

わたしたちは、お浄土において自分の好きな人と再会できると思っています。そして、嫌いな人には会わないと思っている。でも、お浄土が、自分の好きな人ばかりが

集まった世界だとすれば、それは宮中の奥御殿かハーレムでしかありません。そんなものはお浄土ではないのです。

ところが、お浄土において嫌いな人にも会うと分かると、こんどは、

「では、わたしは、お浄土に往くのはやめにします。わたしは地獄に行きます」

と言う人が出て来ます。あの憎いお姑さんに会うくらいであれば、地獄のほうがいいと考えるのですね。

要するにわたしたちは、愛と憎しみでもってお浄土を考えているのです。しかし、お浄土は、愛と憎しみを超越した世界です。ペットを愛するのはかまいません。それはこの世においての話です。お浄土は、そのような愛と憎しみを超越した世界だということを忘れないでください。

62

貧乏神と福の神

時宗の開祖の一遍上人（一二三九―一二八九）が次のように言っておられます。

《苦をいとふといふは、苦楽共に厭捨《えんしゃ》するなり。苦楽の中には、苦はやすくすつれども、楽はえすてぬなり。楽をすつるを厭苦の体《たい》とす。その所以《ゆえん》は、楽の外に苦はなきなり》（『一遍上人語録』巻下）

（苦しみを嫌悪するのであれば、苦と楽をともに捨てねばならない。苦と楽のうち、苦のほうは簡単に捨てることができるが、楽のほうはなかなか捨てられない。楽を捨てることこそが、苦しみを嫌悪することにほかならない。なぜかといえば、楽のほかに苦しみはないからである）

ちょっと分かりにくいかもしれませんが、これを貧乏と金持ちの例で考えるとよいでしょう。わたしたちは、誰もが貧乏を嫌悪します。しかし、本当に貧乏を嫌うのであれば、貧乏と同時に金持ちになりたいといった気持ちも捨てるべきです。金持ちになりたいといった気持ちがあるからこそ、貧乏が苦しみになるからです。

『涅槃経《ねはんぎょう》』（巻十二）という大乗仏教の経典に、吉祥天《きちじょうてん》と黒闇天《こくあんてん》が登場します。吉祥天は福の神で、黒闇天は貧乏神です。ある商家に吉祥天が訪れます。商家の主人は、もちろん大歓迎です。

ところが、その吉祥天と一緒に黒闇天が入ろうとします。商家の主人は、貧乏神を追い払います。すると、その貧乏神の黒闇天が言ったのです。

「あら、わたしたちは姉妹なのよ。吉祥天とわたしはいつも一緒に行動しているのよ。わたしを追い払えば、姉の吉祥天も出て行くわよ。それでいいの……？」

商家の主人は困りました。しかし、いろいろと考えた末、吉祥天と黒闇天の二人の女神に出て行ってもらうことにしました。

ここで考え方としては、貧乏神と福の神の両者をともに受け容れるか、『涅槃経』のように両者をともに断るか、二つの方法があります。一遍上人は、『涅槃経』の考え方と同じく苦と楽——貧乏神と福の神——の両方を断ったほうがよいと言っています。しかし、貧乏神と福の神の両方を受け容れるやり方も、それほど悪いものではありません。

ところが、われわれは、福の神だけを招き入れ、貧乏神は追放したいと思ってしまいます。そんなことはできっこないのに、欲があるもので、そうしたいと思うのです。その結果、苦しみの人生を送ることになります。

幸福と不幸は、一枚のコインの裏表なんですよ。健康な人は、自信があるもので、どうしても無理をしがちです。その結果、大怪我をしかねません。病弱な人はあまり無理をしません。のんびり、ゆったりと生きて、あんがい長生きをします。苦しみを嫌うのであれば、楽しみも嫌ったほうがよい。一遍上人はそのように言っているのです。

63

所有権の移転

『法華経』の「化城喩品《けじょうゆほん》」には、梵天が仏に自分が住んでいる宮殿を布施する話が書かれています。梵天は布施したあとで、

願以此功徳《がんにしくどく》（願わくは此《こ》の功徳を以《もっ》て）
普及於一切《ふぎゅうおいっさい》（普《あまね》く一切に及ぼし）
我等与衆生《がとうよしゅじょう》（我らと衆生と）
皆共成仏道《かいぐじょうぶつどう》（皆共《みなとも》に仏道を成ぜん）

と言っています。ご存じのように、これが「普廻向文《ふえこうもん》」と呼ばれているものです。

わたしは宮殿を布施させていただきます。だからその功徳をわたしにください——というのではありません。それだと「ギブ・アンド・テイク」になり、日本の神道の神様に対する祈願になってしまいます。仏教の布施は、そうではなしに、大勢の人たちとともに救われたいというのです。それが普廻向文の意味するところです。

それから、もう一つ注意してもらいたいことがあります。梵天は仏に宮殿を布施しました。すると梵天は宮殿を去ってホームレスになるのでしょうか？　そして仏がその宮殿に住まれるのでしょうか？

そうではないと思います。仏が宮殿に住めば、仏は在家になり出家者でなくなってしまいます。

わたしは、梵天は宮殿を仏に寄進しても、依然として宮殿に住み続けていると思います。

ということは、宮殿の献上は、たんに名義の変更だけです。宮殿の所有権は梵天から仏に移転され、しかし使用権は従前通り梵天にある。そういう寄進であったとわたしは考えます。

じつは、ここに仏教の布施の真の意味があるのです。

わたしたちは、自分の全財産を布施すべきです。自分の財産のごく一部を布施したところで、それは真の布施ではありません。布施が真の布施になるためには、全財産どころか、命までも投げ出さねばならないのです。

でも、そんなことは不可能だ——とわたしたちは考えるでしょう。ところが、それは可能なんです。布施は所有権の移転であって、使用権は自分に残ると考えればよいのです。

つまり、わたしの全財産、わたしの命は、すべて仏のものです。仏の財産と命を、わたしは使わせていただいているのです。わたしはいま、仏の家に寄宿させていただき、仏のものである衣類を着させてもらい、仏の食事を食べさせてもらっている。わたしの命も仏のものなんだ。わたしのものなんて一つもない。そしてまた、わが子も、わが父母も、すべて仏から預かっているものだ。そう考えるのが布施です。そのように考えることができるようになれば、わたしたちは立派な布施をしたことになるのです。

いつも唱えさせていただいている普廻向文を、わたしはそのように解釈しています。なかなかユニークな解釈だと、ちょっとうぬぼれています。

64

仏教者らしい問い

日本人がインドに行って買い物をします。

日本では商品に値段がつけられています。客が値切ることもあるでしょうが、だいたいにおいて客はつけられた値段でその商品を購入します。ところが、インドでは、商品に値段はついていません。客が「これ、いくらですか？」と尋ね、商店主が値段を言います。「それは高い！　もっと負けろ」と客が交渉を始め、お互いに駆け引きをやった末、最後に値段が決まります。それがインドではあたりまえなんです。

そして、決まった値段は、客によってまちまちです。値切るのが下手な人は、上手な人の二倍ぐらいの値段で買わされることもあります。高い値段で買わされた人は、内心では不満ですが、それは駆け引きの上手／下手ですから、あきらめるよりほかないですね。

今回書きたいのは、その交渉の上手／下手ではなしに、買い物に対するインド人と日本人の考え方の差なんです。

じつは、日本人が勘違いをしているのは、インドの商店に行って、客が、

「これは、いくらですか？」

と尋ねることが何を意味するか、です。日本人の場合、買う気もないくせに、商品の値段を知りたいと思うことがあります。だが、インド人には、それが理解できないのです。インド人の場合は、「いくらですか？」と尋ねることは、

「わたしはこれを購入したい。あなたは、いくらでこれを売るか？」

とオファー（申し入れ）をしたことになります。するとインド人は希望販売価格を述べ、それに対して客は自分の希望購入価格を伝えます。そして、二人の駆け引きが始まります。

ところが、日本人は、最初から買う気がない場合があります。たんに参考までにその商品の値段を知りたいと思っているだけのことがある。それがインド人には不可解なんです。買う気があると思っているから、執拗《しつよう》につきまといます。日本人はそれを「うるさい」と感じるようです。

まあ、これは風土の違いと言うよりほかありませんね。

それはそうとして、わたしが思うのは、仏教を学ぶ場合に、たんに参考までに仏教の考え方を知っておこうといった態度はやめるべきです。

たとえば、「殺人犯でも仏は赦《ゆる》されますか？」といった問いは、あなたが殺人犯であった場合だけに問うべき問いです。たとえその人が殺人犯であったとしても、あなたと無関係の人であれば、その問いはまったく意味がありません。ちょうど買う気もない商品の値段を訊《き》くのと同じです。

わたしたちは仏教を、自分の問題として学ぶべきです。自分は悪人だ！　こんな悪人でも仏は赦してくださるだろうか？　それが仏教者の問いだと思います。

65

世の中の改革

仏教講演会で講演したあと、聴衆の質問に答えさせられることがあります。そのとき、よく問われる質問に、たとえば、

「先生は〝がんばるな！〟と話されましたが、世の中の人がみんなのんびり怠けていたのでは、進歩・発展がなくなるのではありませんか……？」

といったものがあります。あるいは、

「死刑制度を廃止したら、兇悪《きようあく》犯罪が増えて困るのではないでしょうか？」

といったものです。そういう質問を聞くたびに、わたしは〈またか……〉と思い、暗澹《あんたん》たる気持ちにさせられます。

死刑というのは、人を殺すことです。仏教は、人を殺してはいけないと教えています。にもかかわらず、殺人犯人を死刑にすることは、国家は人を殺してよいと認めていることになります。仏教者であれば、人を殺す死刑に反対するのは当然です。

ところが、質問者は、死刑制度を廃止すると兇悪犯罪が増えることを憂えておられます。実際に死刑を廃止して殺人犯が増えるかどうかは知りません。かりに質問者の言う通りだとしても、その人は「世の中」の問題を考えておられるのです。「世の中」を良くするためには、仏教の教えは二の次だと言っておられるわけです。わたしは、そういう考え方に賛同できません。

世の中のことは、政治家にまかしておけばいいのです。わたしは、わたしが仏教者としてどう生きるかだけを考えればよい。ですから、仏教者としては死刑に反対です。そして死刑制度を存続させている現在の政府には、次の選挙において絶対に一票を投じません。

また、現在の日本人は、あまりにもがんばっています。がんばるということは、欲望を燃やし続けていることです。もっと出世がしたい。もっと金が欲しい。さまざまな欲望を持ち、それを充足させようとやっきになってがんばっています。

だが、仏教の教えは、基本的に、

――少欲知足――

ですよ。あなたの欲望を少なくし、足るを知る心を持ちなさい。仏教はそう教えています。その教えを別の言葉で言えば、

――がんばるな！――

になります。わたしはそう考えています。

ところが、質問者は、自分が仏教者としてどう生きるかではなく、世の中のことを考えておられます。世の中をよくしたいのであれば、その人は仏教なんか学ばず、政治学・経済学・社会学を学ばれるとよいのです。仏教の教えに対して、変ないちゃもんをつけないでください。

わたしたちが仏教に学ぶのは、わたしがどう生きるかであって、世の中を改革するためではありません。そのことを忘れないでください。

66

欠点を好きになる

『三国志』は中国の史書で、魏《ぎ》と蜀《しょく》と呉《ご》という三国が鼎立《ていりつ》していた時代の歴史を書いたものです。その『三国志』に、呉の孫権《そんけん》というリーダーが登場します。もっとも、孫権はちょっと地味な人間です。が、彼は、部下の掌握《しょうあく》に関して、なかなかいいことを言っています。

——その長ずる所を貴び、その短なる所を忘る——

これはつまり、部下の長所に目をつけてやり、その短所は忘れてやれ、ということです。

これを読んだとき、わたしは〈なるほど〉と思い、すべからく人間関係はかくあるべしと考えました。だが、そのあとで、〈待てよ……〉と思ったのです。

なるほど、会社において部下を管理するためには、長所を貴び/短所を忘れてやる心構えは大事です。また、教育の場において、教師が学生・生徒を指導するとき、この心構えは必要になります。しかし、忘れてならないことは、長所／短所といったものは、世間の物差しで測ったものだということです。世間は世間の物差しでもって人間を評価します。その物差しがないと、部下を管理することもできないし、学生を指導することはできません。早い話が、人間を評価しないで、全員の給料を平等にすれば、それは悪平等になるでしょう。

しかしながら、家庭にあって、親が子を、夫が妻を、妻が夫を評価してよいでしょうか？　そもそも家庭において、親が子を、夫が妻を、妻が夫を管理しているのでしょうか？　家族を管理する——といった考え方そのものが、わたしはまちがっていると思います。

だとすると、家庭の中に世間の物差しを持ち込んではならないのです。部長・課長・係長といった会社のランク付け、5４3２1といった学校の成績評価、そういった世間の物差しで測られたものを家庭の中に持ち込まないほうがよい。昔の親のうちには、

「学校で先生がつけた点数なんて、わたしは関心ありません」

と言って、成績表を見ない人もいましたが、そこまで極端でなくても、学校の成績だけが人間のすべてではありません。わたしたちはそのことをしっかりと確認すべきだと思います。

では、どうすればよいのでしょうか？

家庭にあっては、仏の物差しを使うべきです。そして、仏の物差しとは何かといえば、それは目盛りのない物差しであって、家族の誰をもいっさい評価しないのです。したがって、長所もないし、短所もない。人間のあるがままをすばらしいと見るのが仏の物差しです。

もっとわかりやすく言えば、家族のあいだでは世間の人がいう欠点を好きになるのです。それが本当の愛情だとわたしは思います。

67

金に頭を下げる

昔、有名人の僧が、京都の老舗《しにせ》の商人が顧客に深々と敬礼する姿を見て、それを「美しい」と評し、その姿のうちに仏教精神があると書いておられるのを読んで、わたしは、

〈ちょっと違うよな〉

と感じました。かの高僧は、商人の顧客に対するお辞儀を、『法華経』が言う「礼《らい》拝行《はいぎょう》」と見たようです。礼拝行というのは、釈迦世尊が過去世において、あらゆる人がやがて仏になられる人だとして、道で出会うすべての人に礼拝したことを言います。

わたしは大阪商人の子です。現在の大阪商人がどんな考えでいるかは知りませんが、わたしの子どものころ（七十年以上も昔です）の大阪商人は、

「わしらは金持ちに頭を下げているんやないで……。その人が持っている金に頭を下

げているんや」

と言っていました。だから、たとえ十円の品物でも買ってくれた人は客ですから、大阪の商人は「おおきに」と言って頭を下げるのです。

それを知っていますから、京都の老舗の商店主が顧客に深々と敬礼したところで、ちっとも美しいとは思いません。「あたりまえ」とわたしは思います。ましてそれが、仏教の礼拝行だとは思えない。そんなことを言うことが、わたしからすれば笑止千万です。

では『法華経』が教える礼拝行とは何でしょうか？

簡単にいえば、金を持っていない貧しい人を拝むのです。劣等生を拝む。何の権力も持たない、ただの人を拝む。それが礼拝行だと思います。

そうすると、「おまえは、権力者、金持ち、優等生を拝んではいけないと言うのか⁉」と詰め寄られそうですが、拝んでいけないと言うのではありません。でも、金持ちや権力者を拝むと、どうしてもこちらが卑屈になります。ぺこぺこすることになる。見苦しい態度になってしまいます。だから、やはり、拝まないほうがよいと思います。

けれども、それだからといって、喧嘩をせよと言うのではありません。金持ちや権力者に対して喧嘩腰になり、それを反骨精神と称して自慢する人を見かけますが、それもおとなげない態度です。もっと自然に振る舞えばよいでしょう。

それには、わたしはあんがい大阪商人のやり方がよいと思います。すなわち、わたしたちは金持ちが持っている金に頭を下げ、権力者が持っている権力に頭を下げます。そして、権力を持たぬ庶民、金を持たない貧乏人を拝むのです。わたしは、それこそが『法華経』の言う「礼拝行」だと思います。

ともかく、礼拝行は「人間」を拝むのであって、金や権力を拝むのではありません。そこのところをまちがってもらっては困ります。

68

仏教原理主義者

わたしはみずから「仏教原理主義者」を名乗っています。

そうすると、よく誤解されます。原理主義者といえば、人々は過激派を連想します。けれども、原理主義者イコール過激派ではありません。

〝原理主義〟は、英語で〝ファンダメンタリズム〟といいます。これは〝根本主義〟とも訳されます。そしてファンダメンタリズムは、一九二〇年代のアメリカのプロテスタント教会内で起こった運動で、聖書の無謬性《むびゅうせい》を信じ、聖書を合理的に解釈しようとする世の風潮を批判、排斥しようとするものです。

わたしたちの感覚からすれば、合理的に解釈することは正しいことのように思われます。しかし、「合理的」ということは世の中の都合を優先させているのです。それはちょうど『日本国憲法』の解釈と同じで、経済発展の都合上、あるいは政権党の都合上、勝手な解釈をして、それを「合理的」と称しているのです。聖書をそのように

「合理的」に解釈してはならない——というのが、原理主義の主張です。

ですからわたしは、「原理主義」の反対は「ご都合主義」だと思います。

ご都合主義というのは、例の有名な、

——赤信号、みんなで渡れば怖くない——

がそうです。原理主義だと、赤信号では渡ってはいけません。でも、そんなことを言っていると、なにかと不便です。現に、高速道路で制限速度を守って運転すれば渋滞が起きかねません。それで少しぐらいのオーバーは許されるといった解釈が合理的とされるのです。

もっとも、交通法規は世の中の問題で、世の中ではご都合主義的解釈が許されるかもしれません。だが、わたしは仏教者として、仏教においてはそんなご都合主義的解釈は許されないと思います。いや、許してはならないのです。仏教は原理主義でなければならない。それが、わたしがみずから「仏教原理主義者」を名乗るゆえんです。

たとえば、仏教では、

——少欲知足——

を説きます。あなたの欲望を少なくし、足《た》るを知る心を持ちなさい、といった教えです。ところが、そんなことを言っていると、経済発展ができません。資本主義社会は、みんな欲をふくらませて、じゃかすか浪費してくれることによって維持されるのです。だから、仏教に「少欲知足」なんて言ってもらっては困ります。

そこで一部の仏教者は、世の中の都合に合わせて、「もっとがんばれ！」「もっとやる気を起こせ！」と説きます。そんな欲望を助長しているのです。仏教の「少欲知足」の原理をご都合主義的に解釈しているのです。

わたしは、それは仏教の自殺行為だと思います。

69 生物の多様性

一九九二年の地球サミットにおいて「生物多様性条約」が採択され、日本を含む百五十七カ国がこれに署名し、条約は翌年に発効しました。地球には、未知の種も含めて五百万から一千万種の生物がいると推定されていますが、それがどんどん減少しています。現在、自然状態での生物種の絶滅にくらべて、一千倍以上のスピードで絶滅が進行しており、それに対する対策が必要とされています。

では、なぜ生物の多様性を守らなければならないのでしょうか？　その点に関しては、「生物多様性条約」の前文に、

《生物の多様性が有する内在的な価値》

といった言葉があります。ちょっとむずかしい言葉ですが、この「内在的な価値」を守ることが大事だというのですね。

「価値」というものについては、わたしたちは人間に役に立つものが価値が大きいと

考えています。食用になるマグロやサバ、イワシは価値があり、ハマグリやカキなどに害を与えるヒトデには価値がないという考え方です。益虫／害虫といった分類がこれであり、これは「利用価値」といえばよいでしょうか……。

それに対して「内在的な価値」というのは、その生物が人類にいかなる利益を与えてくれるかに関係なく、その生物が存在していること自体に価値があるといった考え方です。これは「存在価値」と呼んでよいでしょう。そうするとトンボや蝶《ちょう》、蝿《はえ》も蚊《か》も、すべて「存在価値」があるのです。それが「内在的な価値」です。

じつは最近、生物学の本を読んでいて、「生物多様性条約」にある「生物の多様性が有する内在的な価値」といった言葉に出会《でくわ》したとき、わたしは『法華経』の「薬草《やくそう》喩《ゆ》品《ほん》」の、

——三草《さんそう》二《に》木《もく》の譬喩《ひゆ》——

を思い出しました。自然界には、小・中・大の草（三草）と小・大の樹木（二木）があります。そのさまざまな植物が、みんな仏の慈悲をいただいて育っています。『法華経』はそのように言っているのです。

これは動物や植物の問題だけではありません。人間についても考えなければならない問題です。

人間について、わたしたちはついつい、あの人は世の中の役に立つから価値が大きい、あまり役に立たないから価値が低いと考えてしまいます。それは、人間を利用価値だけで測っているのです。

それはよくない――と『法華経』は言っています。利用価値ではなしに、あらゆる人間――善人にも悪人にも、金持ちも貧乏人も、優等生も劣等生も――に内在的な価値がある。わたしたちはその内在的な価値を認めて、その人がいかなる人であれ、あらゆる人を尊重しなければならぬ。『法華経』はそう教えています。それは、生物の多様性を守る考え方に通じますね。

70 奇妙な「買い物」の論理

昔、インドを旅行したときの話です。わたしはインドが大好きで、これまで三十回もインド旅行をしました。だが、二〇〇九年の三十回目のインド旅行を最後に、インドにかぎらず海外旅行はやめにしました。

それはともかく、昔のインド旅行の思い出話を語ります。

日本人は買い物が好きですね。それで旅行社の人も、日本人をお土産品の買い物に連れて行きます。あるとき、こんなことがありました。

Aさんが日本円にして八千円の置物を買いました。そのあと、Bさんが同じ商品を六千円で買った。Bさんからそれを聞いたAさんは、血相を変えてインド人の店員に詰め寄ります。

「俺に二千円を返せ！」

彼は大声でそう言います。

インド人の店員はポカンとしています。

インド人にすれば、A氏の言い分は理解できないのです。あなたは八千円で納得して買った。それでいいではないか。わたしが他の人にいくらで売ろうと、それはあなたに関係のない話ではないか。あなたはあなた、彼は彼。インド人はそう言います。

しかし、そのインド人の言い分は、A氏にすればよく理解できないようです。

まあ、わたしには、インド人の考え方のほうがまともに思えますが、読者はどう思われますか？

さて、問題は宗教です。

わたしたちは、ときに、

〈あの人は悪い人だ。仏（あるいは神）があんな悪人を救われるはずがない。あの人は地獄に堕《お》ちる〉

と思ってしまいます。そして、自分自身については、

〈わたしはそれほどの悪人ではない。そりゃあ、わたしにも、少しは悪い点はある。けれども、仏（神）に嫌われるほどの悪人ではない〉

と思って、自分の救済は信じているのです。

ところが、その人は、仏や神の救済がいかなる悪人にも及んでいることを聞かされると、善人（と思っている自分）が損をしたような気になります。

おかしいですよね。ここに買い物の論理が働いているのです。自分が八千円で買った品物を他人が六千円で買えば、こちらが損をした気になる。それがおかしいのです。

自分は自分、他人は他人ではありませんか。あくまでもわたしが仏に救っていただくのであって、その仏が他人（わたしが悪人と思っている人）を救われるか否か、それはわたしの知ったことではない。それを信じることができたとき、はじめてわたしが仏に救っていただけるのです。わたしはそう考えています。

71

「諸法実相」の教え

『法華経』の「方便品《ほうべんぼん》」の中に、

――諸法実相《しょほうじっそう》――

といった言葉があります。

〝諸法〟とは「もろもろの事物」で、その真実の相《すがた》は仏だけが知っておられる。逆にいえばもろもろの事物の真実の相は、仏にならねば分からない。われわれ凡夫はものの真実の相を知ることはできない。そういった意味です。

たとえば、ここにコップに入った水があります。いまそれは水の相をしていますが、わたしがそれを飲むとそれは尿になり、下水に流れて海に出る。その海水がやがて雲になり、雪に変わり、雪が融けて川の水になります。水・尿・海水・雲・雪……とさまざまな相を示す、そのうちのどれが本当の相（実相）でしょうか？　わたしたちには分かりませんよね。それが分かっておられるのは仏だけです。『法華経』はそのように教えています。

同様に、いまあなたの目の前にいる人は、いかなる人でしょうか？　その人は、やさしく、親切で、善人のように見えます。けれども別の人にとって、その人はとんでもない悪人かもしれません。また、あなたはいまその人を善人と見て付き合っていますが、いつか未来にその人に裏切られて、その人を悪人とののしることがあるかもしれません。その人の本当の相は、われわれには分かりません。それが『法華経』の教えです。

では、どうすればよいでしょうか？

相手の実相は分からないのだから、むやみに人を信じてはいけない。わたしたちは『法華経』からそういう教訓を受け取ることもできます。でも、それじゃあちょっと悲しいですね。猜疑心《さいぎ》にあふれて、とても狭量です。仏教者らしくありません。

わたしは、ここから、

——人を裁くな！——

の教えを汲み取りたいと思います。しかし、「裁く」というのは、他人の罪を暴き、審判することだけではありません。「あの人はいい人だ」と評価するのも裁いていることになります。

したがって、わたしたちは、その人の実相がいかなるものかを極《き》め付けずに、いま目の前におられる人と淡々と付き合っていく。それが仏教者のとるべき態度だと思います。

目の前におられる人がわたしに親切にしてくだされば、わたしはその親切にしっかりと感謝します。

逆にいやな人に対しては、その不快の心のまま、それでも自分にできる最善を尽くせばよいでしょう。われわれは、〈この次、この人に会ったとき、何か仕返しをしてやろう〉と考えますが、しかしその次に会ったときにはその人は別人になっているはずです。それが「諸法実相」なんです。大事なことは、わたしたちは「いま」をしっかりと生きればよいのです。不快であれば不快をしっかりと生きる。それが仏教者らしい生き方だと思います。

72

わたしだけは……

わたしたちは、人を殺してはならないと教わっています。しかし、実際には、日本の国家は死刑制度を存続させ、犯罪者を死刑にします。死刑は、国家による殺人です。だとすると、国家は人を殺してもよいのでしょうか!?

また、戦争の場合は、兵士は敵兵を殺すことが認められています。いや、むしろ敵兵を殺すことが奨励されているのです。とすると、人を殺してはならないというのはまちがいで、場合によっては人を殺してよいということになります。

同様に、嘘をついてはいけないというのも本当ではありません。現実に多くの政治家が嘘をついて国民を騙《だま》し、企業の経営者がさまざまに嘘をついていることは、新聞やテレビで報道されています。また、市民の生活においても、「嘘も方便」といって、目的さえ正しければ、その目的を達成するための手段としての嘘をつくことが容認されています。たとえば父親ががんになったとき、その父親をがっくりさせないた

めに、子どもが、

「お父さんはがんじゃないよ。良性の腫瘍《しゅよう》だよ」

と嘘をつくことは、むしろあたりまえに思われていました。もっとも、この問題に関しては、最近はちょっと事情が変わってきました。しかし、家族のあいだで、相手を失望させないように嘘をつくことは、それほど悪いこととはされていないようです。

だとすると、わたしたちは子どもに、

――人を殺してはならない――

――嘘をついてはならない――

と、頭ごなしに教えることは、まちがった教育ではないでしょうか。それだと、国家がやっている殺人行為や、大企業がやっている欺瞞《ぎまん》の行為には頬被《ほおかぶ》りして、弱い庶民をいじめることになりそうです。

わたしはむしろ子どもたちには、こう教えるべきだと思います。

「世の中の人には、自分の利益のために他人に嘘をついて騙すことが多い。また、相手を庇《かば》うために嘘をつくこともある。そしてまた、人を殺す者もいる。けれども、あなたは、人を殺さないでほしい。また、どんなに苦しくなっても嘘をついて逃げないでほしい。あなたは仏の子なんだから、それができるはずだ」

わたしたちは、ややもすれば、多くの人が嘘をついているから、自分だって少しぐらいの嘘をつくことも許されるだろうと考えてしまいます。つまり、「赤信号、みんなで渡れば怖くない」といった考え方です。でも、それは仏教の精神ではありません。仏教の精神は、赤信号なのに、みんな渡っているが、ぼくは渡らない――というものです。

みんなに引き摺《ず》られないで、わたしだけはこうするというのが、仏教の精神です。でも、それがいちばんむずかしいことですね。

73
「無宗教」を考える

「わたしは無宗教なんです」と、平気で言う人がいます。日本のインテリ層に多いですね。わたしは、自分が無宗教だと公言する人は、恐ろしい人だと思います。

なぜ、無宗教の人が恐ろしいのか？　日本人は、ここのところを誤解していますが、じつは宗教というものは、人間の不完全さを許容するものです。世界に数多い宗教に共通している特色は何かといえば、わたしの思うところ、

――人間というものは、弱くて、愚かで、不完全な生き物である――

と考えている点です。神と呼ばれるか、仏と呼ばれるか、宗教によってその呼称は違いますが、完全な存在は神や仏だけで、人間は不完全きわまる存在です。そのように考えるのが、宗教の宗教たるゆえんだと思います。

ということは、人間は不完全であっていいんだよ、弱くて愚かであっていい、それが人間だからね、と、宗教はあたたかく言ってくれているのです。

だが、無宗教の人は、それと反対を考えます。すなわち、人間は不完全であってはいけない。弱くあってはいけない。愚かであってはいけない。強くて賢い人間になるべきだ。ほんの少しでも、完全な人間になるように努力、精進しなければいけない。そう考えるのが無宗教の人です。無宗教の人は、そういう信念を持っています。

もっとも、そうは言っても、現実にある人間は、弱くて、愚かで、不完全です。

ところが、無宗教の人が恐ろしいのは、自分自身に対しては、

〈そりゃあ、わたしは仏や神ではないのだから、不完全な人間ですよ。でも、わたしは、そういう自分を克服して、少しでも完全になれるように努力しています〉

と自己弁護します。現実の自分が堕落していても、〈自分は努力しようと思っているから〉という理由でもって、堕落した自分を容認するのです。

だが、他人に向かってはそうではありません。

ひょっとすれば、他人もまた内心では努力しようと思っているかもしれないのに、そういう他人の心のうちは分かりませんから、

〈あの人はちっとも努力しようとしていない〉

と断じ、そして他人を裁き、糾弾《きゅうだん》します。自分に対してと他人に対しては、裁く物差しが違っているのです。

つまり、自分に対しては、弱くて、愚かで、不完全な人間であることを許し、他人に対しては、その弱さや愚かさを許そうとしない。それが無宗教の人なんです。そういう恐ろしい人なんですよ。

わたしたちは仏教者です。だからわたしたちは、常に他人の愚かさ、弱さ、不完全さを許せる人でなければなりません。わたしはそう考えています。

74

負けるが勝ち

子どものころから、「負けるが勝ち」と教わってきました。分かるようで分からない言葉です。負けたところで賞金が貰えるわけがないのに、どうして負けたほうがいいのだろうか……と、首を傾《かし》げるばかりです。

そういえば、美空ひばり（一九三七―一九八九）が、

《勝つと思うな　思えば負けよ》

と歌いました（『柔《やわら》』関沢新一作詞、古賀政男作曲）が、あれもわたしには意味不明でした。「あなたが勝とうと思った瞬間に、もうあなたは負けているのだ」といった意味なのか、あるいは「勝とうと思わないほうがよい。思うのであれば、負けようと思うべきだ」の意味なのか。まあ、たぶん前者のほうでしょうね。

そこで『大辞林』をひいてみたら、「負けるが勝ち」には、

《むりに争わず、一時的に相手に勝ちを譲ることが結局は勝つことになる》

といった解説がありました。これを読んで、わたしは、

〈なんだ、それなら結局は勝ちたいのだ。勝とうとしているのだ。その勝つための方策として、一時的な敗北もあり得ると言っているだけにすぎない〉

と思いましたね。ずる賢いやり方です。

そう思ったとき、わたしは、「負けるが勝ち」に対する、もう一つ仏教的解釈を思いつきました。それは、世間の解釈とは、まったく違ったものです。

世間の人は、みんな、〈勝ちたい、勝ちたい〉と思っています。そして、勝つために歯を食い縛って努力します。それは、つまりは相手をやっつけたいのです。相手を敗北者にしないことには、自分は勝者になれません。

そして、勝者は一人で、敗者は大勢います。最終段階においては一対一の闘いになるかもしれませんが、その段階に達する前には、大勢の競走参加者を蹴落《けお》とさねばなりません。しんどいことです。と同時に、相手をやっつけるためには、自分の人格も相当に傷ついているのです。この点を、世の競走讃美者は忘れています。他人の敗北を願う人間のあさましさに気づいていません。

そこで仏教者は、「負けるが勝ち」と考えます。

といっても、わざと負けようとするのではありません。勝つことに努力するのですが、その背後に、

――負けたかてかめへんやんか――

といった気持ちがあります。なんだか急に大阪弁になりましたが、わたしは、その気持ちが大事だと思います。自分が敗者になっても、競争の勝者を祝福してあげられるだけの気持ちを持つこと。そのような気持ちを持てたときが、その人は「人生の勝者」になったのだと思います。

ですから、「負けるが人生の勝ち」です。そして、勝つのであれば、「人生の勝者」になりたいですね。それが仏教においての「負けるが勝ち」だと思います。

75 仏への全権委任

〝南無〟という語は、サンスクリット語の〝ナモー〟を音訳したもので、「帰依します」といった意味です。阿弥陀仏に帰依するのが「南無阿弥陀仏」で、『妙法蓮華教』（略して『法華経』）に帰依するのが「南無妙法蓮華経」です。その他「南無釈迦牟尼」「南無大日如来」「南無観世音菩薩《かんぜおんぼさつ》」などがあります。

さて、そこで、いまは「南無阿弥陀仏」を代表にして考えてみます。「南無阿弥陀仏」は、阿弥陀仏に帰依しますといった決意表明の言葉です。

で、わたしが思うのは、「帰依します」と表明した結果、わたしたちは何がどうなろうと、それをそっくりそのままいただかねばなりません。すなわち、帰依するというのは阿弥陀仏にすっかりおまかせするといった全権委任であって、おまかせした以上、何が起きてもわたしたちは阿弥陀仏に文句を言ってはなりません。まかせておいて文句を言うのは、卑怯な態度です。それなら、おまかせしないほうがいいのです。

じつは、これは、宗教において「信ずる」という問題なのです。わたしたちは阿弥陀仏を信ずるが故にすべてを阿弥陀仏におまかせするのです。そして、おまかせした以上は、いかなる結果になろうと文句を言ってはいけません。阿弥陀仏がそういう結果をくださったわけで、それをそのままいただかねばならないのです。

よくわたしたちは、人間関係において、

「俺はあいつに裏切られた」

と言います。なるほど、人間対人間の関係において、裏切りはあるでしょう。けれども、阿弥陀仏対人間の関係において、裏切りなんてあるでしょうか。人間は阿弥陀仏に全権を委任する（それが南無）のであって、阿弥陀仏と取引するのではありません。だから裏切りなんてあり得ないのです。

たとえば、われわれが病気になって、早く病気が治ってほしいと阿弥陀仏にお願いします。本来はお願いなんかしないほうがよいのですが、まあお願いするのは仕方がないことだとしましょう。しかし、「南無阿弥陀仏」と阿弥陀仏にすべてをおまかせした以上、たとえ病気が治らなくても、それで文句を言ってはいけません。わたしたちは病気のまま、明るく、楽しく毎日を過ごすようにすればよいのです。病気を〈いやだ、いやだ〉と、かこちながら生きるより、病人のまま幸せに生きるように努力すればよいのです。

いいですか、健康イコール幸福／病気イコール不幸ではありません。健康でありながら不幸な人は大勢います。病気でも幸福に生きている人もいます。わたしたちは、幸福な病人になればいいのです。それが阿弥陀仏の願いだということに気づけばよいのです。

ともあれ、「南無阿弥陀仏」は、阿弥陀仏に全権を委任して、おまかせすることなんですよ。

76

仏教者としての信仰

前にも紹介したラビ・ピンハス・ペリー著『トーラーの知恵』（ミルトス）に出てくるエピソードを再度引用しながら、仏教者らしい信仰について考えてみます。

ユダヤ教の律法では、安息日に金銭を扱ってはならないことになっています。ユダヤ教の安息日は土曜日です。

そこで、ユダヤ教のあるラビ（教師）が弟子に質問しました。

「安息日に金の入った財布を見つけた。おまえはそれを拾うか？」

「もちろん、わたしは拾いません」

弟子は優等生的な答えをしました。

するとラビは彼を叱りました。

「おまえは馬鹿だ！」

次にラビは、別の弟子に同じ質問に答えさせます。彼は、

「わたしは拾いません」と答えました。「拾いません」といった答えだと叱られたのですから、彼は「拾う」と答えるよりほかありませんよね。だが、ラビは彼を叱ります。

「おまえは罪人《つみびと》だ！」

さらにラビは、第三の弟子に同じ質問をしました。この第三の弟子は、こう答えました。

「わたしには分かりません。でも、その場になって、わたしはずいぶんと迷うだろうと思います。しかし、わたしは、きっと神がわたしに正しい判断をさせてくださるだろうと信じています」

「よろしい。それがわたしの求めていた答えだ」

ラビは第三の弟子を褒めました。

＊

わたしたちは人生において、さまざまな誘惑にあい、迷い、悩むことが多いですね。〈わたしは、どんなことがあっても悪の誘惑に屈しないぞ〉と思っていても、いざその場になれば、簡単に誘惑に負けてしまうことが多いです。それは、誘惑というものが、あんがい巧妙になされ、あんがいそれに応ずることが善いことのようになされるからです。また、われわれは、〈ほんのちょっとしたことだ。これぐらいはしたってよいだろう〉と思ってしまいます。そして泥濘《ぬかるみ》に入り込んでしまうのです。

したがって、まじめな人のほうが、かえって悪に引き摺《ず》りこまれてしまいます。〈自分はいかなる誘惑にも負けない〉といった自信がかえって、誘惑に引っかかってしまうのです。

だから、第三の弟子の考え方がいちばんいいと思います。

われわれ仏教者も、人生においてあれこれ迷い、悩むことが多いと思います。しかし、そのとき、

〈きっと仏が、わたしを正しい方向に導いてくださる〉

と信じていましょう。そう信じていることが、仏教者らしい信仰だと思います。

初出について

本書は天台宗出版室発行の月刊広報誌『天台ジャーナル』（二〇〇四年四月号（第十三号）～二〇一七年三月号（第百六十八号））に計百五十一回にわたって連載された「仏教の散歩道」から七十六話を抽出して書籍化したものです。残りの七十五話は『のんびり、ゆったり、ほどほどに』（小社刊）として刊行されています。

ひろ　さちや

一九三六年（昭和十一年）大阪市に生まれる。東京大学文学部印度哲学科卒業、東京大学大学院人文科学研究科印度哲学専攻博士課程修了。一九六五年から二十年間、気象大学校教授をつとめる。退職後、仏教をはじめとする宗教の解説書から、仏教的な生き方を綴るエッセイまで幅広く執筆するとともに、全国各地で講演活動を行っている。膨大かつ多様で難解な仏教の教えを、逆説やユーモアを駆使して表現される筆致や語り口は、年齢・性別を超えて好評を博している。

おもな著書に、『仏教の歴史（全十巻）』『釈迦』『仏陀』『大乗仏教の真実——インド仏教の歴史——』『ひろさちやのいきいき人生（全五巻）』（以上春秋社）、『観音経　奇蹟の経典』（大蔵出版）、『お念仏とは何か』『禅がわかる本』（以上新潮選書）、『「狂い」のすすめ』（集英社新書）、『わたしの「南無妙法蓮華経」』『わたしの「南無阿弥陀仏」』『〈法華経〉の世界』『『法華経』日本語訳』『〈法華経〉の真実』（以上佼成出版社）などがある。

生き方、ちょっと変えてみよう
——あなたはじつは仏の子——

Kosei shuppan

2019年8月15日　初版第1刷発行

著者…………ひろさちや
発行者………水野博文
発行所………株式会社佼成出版社
〒166-8535　東京都杉並区和田2-7-1
電話　(03) 5385-2317（編集）
(03) 5385-2323（販売）
URL　https://www.kosei-shuppan.co.jp/
印刷所………小宮山印刷株式会社
製本所………株式会社若林製本工場

◎落丁本・乱丁本はお取り替えいたします。
〈出版者著作権管理機構（JCOPY）委託出版物〉
本書の無断複製は著作権法上での例外を除き禁じられています。
複製される場合はそのつど事前に、出版者著作権管理機構（電話 03-5244-5088、ファクス 03-5244-5089、e-mail: info@jcopy.or.jp）の許諾を得てください。

©Sachiya Hiro, 2019. Printed in Japan.　ISBN978-4-333-02808-5　C0015
日本音楽著作権協会（出）許諾第1906334-901号